내 아이 미래,

중학교 3년이
좌우한다

북오션은 책에 관한 아이디어와 원고를 설레는 마음으로 기다리고 있습니다. 책으로 만들고
싶은 아이디어가 있으신 분은 이메일(bookrose@naver.com)로 간단한 개요와 취지, 연락처
등을 보내주세요. 머뭇거리지 말고 문을 두드리세요. 길이 열릴 것입니다.

내 아이 미래,
중학교 3년이
좌우한다

개정판 1쇄 인쇄 ｜ 2015년 1월 2일
개정판 1쇄 발행 ｜ 2015년 1월 10일

지은이 ｜ 황미용
펴낸이 ｜ 박영욱
펴낸곳 ｜ (주)북오션

경영총괄 ｜ 정희숙
편　집 ｜ 지태진
마케팅 ｜ 최석진 · 김태훈
표지 및 본문 디자인 ｜ 서정희
법률자문 ｜ 법무법인 광평 대표 변호사 안성용(02-525-3001)

주　소 ｜ 서울시 마포구 서교동 468-2
이메일 ｜ bookrose@naver.com
페이스북 ｜ bookocean
전　화 ｜ 편집문의: 02-325-9172　　영업문의: 02-322-6709
팩　스 ｜ 02-3143-3964

출판신고번호 ｜ 제313-2007-000197호

ISBN 978-89-6799-061-9 (13370)

「이 도서의 국립중앙도서관 출판예정도서목록(CIP)은 서지정보유통지원시스템
홈페이지(http://seoji.nl.go.kr)와 국가자료공동목록시스템(http://www.nl.go.kr/kolisnet)
에서 이용하실 수 있습니다. (CIP제어번호: CIP2014033486)」

내 아이 미래,
중학교 3년이
좌우한다

황미용 지음

북오션

중학교 3년,
기본기를 다질 마지막 기회

초등학교 때 잘나가는 아이를 둔 엄마들은 자신감이 넘치고 늘 당당하다. 엄마들 모임에서도 언제나 스포트라이트를 받는다. 그렇게 잘나가던 엄마들이 아이가 중학교에 가면 조용히 잠수를 타고 침묵하는 이유는 무엇일까? 이유는 간단하다. 아이가 중학교에 가서 받아 온 그저 그런 점수 때문이다. 그 원인은 잘못된 학습태도와 공부법에 있다. 그렇다면 현명한 부모와 똑똑한 학생은 중학교 3년을 어떻게 보내고 있을까?

중학교 3년은 기본기를 다질 수 있는 마지막 기회이다. 중학교에서 실력을 쌓지 못하면 고등학교에 가서 만회하기가 정말 어렵다. 또한 이 시기를 슬기롭게 보내야만 먼 훗날 자신이 원하는 삶을 살 수 있다.

우선 기본기를 확실하게 다져야 한다. 이 기본기는 유능한 강사나 고액 과외로는 절대로 얻을 수 없다. 공부를 잘하는 학생들은 대부분 자기주도적 학습에 큰 자신감을 보이는데, 이것은 하루아침에 만들어지는 것이 아니다. 성실한 공부습관이 필요하고 자신에게 맞는 최적의 공부법이 뒷받침되어야 한다. 이것은 어느 누구도 대신해줄 수 없다. 다양한 시행착오를 통해 스스로 찾아야 한다.

또한 공부법과 학습태도만으로 완벽한 중학교 3년이 완성된다고 착각하지 마라. 아이에서 어른으로 성장하는 과도기 속에서 자기 자신에 대해 깊이 생각해야 하는 중요한 시기이다.

공부를 잘하기 위해서는 이와 같은 여러 가지 여건이 유기적으로 잘 어울렸을 때만 가능하다. 자, 지금부터 중학교 3년을 완벽하게 책임지는 《내 아이 미래, 중학교 3년이 좌우한다》와 함께 길고 긴 터널을 통과해보자.

1장 평생을 좌우하는 중학교 3년이 특별한 이유에 대해 알아본다. 중학교 연중 계획을 살펴보면서 전체적인 학습 밑그림을 그려보고, 자신의 현재 위치와 공부 스타일을 찾아보자.

2장 우등생을 만드는 환경 만들기와 본격적인 학습 전에 챙겨야 할 디테일한 습관들을 배울 수 있다. 공부에 대한 흥미 유발의 중요성, 선택과 집중을 통한 학습시간 관리법, 자기주도적 학습법, 우등생을 만드는 체력관리법에 대해 살펴본다.

3장 상위 5퍼센트로 가는 핵심 학습법이 담겨 있다. 선생님의 스타일에 따라 시험 스타일이 달라지고, 억울하지만 실컷 공부하고도 쫄딱 망하는 이유는 무엇일까? 평범하지만 놓치기 쉬운 시험 준비를 비롯해, 복습과 오답노트 100퍼센트 활용 노하우, 학습 이해력을 결정짓는 독서법, 수능에서 성공하는 텍스트 분석법을 소개한다.

4장 과목별 학습 공략법에 대해 상세히 나와 있다. 텍스트 분석과 핵심문장 찾기의 달인이 되는 국어공부법, 쉽고 재미있는 수학공부법, 수준과 상황별 개인 맞춤형 영어공부법, 능동적인 과학학습법, 암기하지 않고 통으로 공부하는 사회학습법에 대해 알려준다.

5장 명문대를 꿈꾸는 학생들이 어떻게 공부하는지에 대해 알아본다. 먼저 수능 성공의 내비게이션이 될 수 있도록 목표를 설정하고, 구체적으로 목표를 세워 달성하는 학습 계획법을 보여준다. 사교육의 엑기스를 100퍼센트 활용하는 노하우와 진로 지도법도 있다.

6장 사춘기 아이와 소통하는 방법에 대해 살펴본다. 중학생들의 스트레스가 무엇인지에 대해 알아보고, 변화하는 시대에 발맞춰 소통하면서 이를 통해 유쾌하게 이기는 감정 전달법 등을 소개한다.

7장 실력을 업그레이드할 절호의 기회로 만드는 방학계획이 있다. 방학 중 선행학습 및 학원 선택 유의점, 다음 학기 성적을 결정하는 방학 중 공부습관, 시간과 돈을 절약하고 자기주도적 학습 능력까지 키울 수 있는 인강 200퍼센트 활용법 등을 알려준다.

8장 자녀가 진로를 탐색, 선택하는 데 도움을 줄 방법을 살펴본다. 자신이 하고 싶은 일, 자신에게 맞는 직업을 찾는 효과적인 방법과 자유학기를 진로를 탐색하는 기회로 활용하는 방법을 소개한다.

이 책은 중학교 부모와 학생들을 대상으로 집필했다. 초등학교 고학년 학부모에게도 아직 경험하지 못한 중학교 생활을 밀도 있게 관찰하고, 이 시기를 슬기롭게 대처하도록 도와주는 나침반이 되어줄 것이다.

필자도 아이가 중학교에 들어갈 때 학교에 처음 보내는 부모처럼 걱정과 불안이 가득했다. 중학생 학부모는 이제 아이를 내 마음대로 할 수 없다는 것을 잘 알고 있다. 사춘기와 또래문화를 이해하지 못하면 아이와의 대립도 피할 수 없다. 중학생 학부모는 바로 이 책을 통해 사춘기 아이와의 소통법을 배우고 실질적인 학습 지도법에 대해 공부해야 한다.

이 책은 유명 학원과 고액과외에 실망했던 학부모와 학생들에게 작은 희망이 될 것이다. 학부모에게는 학원 설명회에 다녀올 때마다 느끼는 휘청거림의 든든한 지지대가 되어 사춘기 아이를 이해하고, 아이가 진정 원하는 것을 알게 될 것이다. 이를 통해 아이들이 스스로 배우는 기쁨을 알고 세상과 따뜻함을 나눈다면 더 바랄 게 없겠다.

학생들은 스스로 공부하는 자만이 성공할 수 있다는 점을 하루 빨리 깨닫고, 그 방법과 노하우를 함께 익히기 바란다. 자기주도적으로 공부하는 자세와 과목별 학습법과 수행평가를 준비하는 데도 큰 도움이 되리라 믿는다.

아삭 황미용

스스로 공부 스타일을 잡는
27가지 질문 모음집

중학교 과정은 초등학교와 고등학교를 이어주는 징검다리 역할을 한다. 중학교 시기를 어떻게 보내느냐에 따라 상황은 얼마든지 달라질 수 있다. 중학교 때 진짜 실력을 쌓지 못하고 내신에만 올인하면 고등학교에 가서 한순간에 무너진다.

1장

중학교 3년이
인생을 좌우한다

1 중학교 3년이 중요한 이유

중학교 과정은 초등학교와 고등학교를 이어주는 징검다리 역할을 한다. 초등학교 때 잘나가던 전설의 주인공들이 중학교에 가서 조용히 침묵하는 이유는 간단하다. 학습태도와 공부 방법에 문제가 있기 때문이다. 이런 근본적인 문제를 해결하지 못하면 학원에 가고 비싼 과외를 해도 소용이 없다. 나름 한다고 했는데도 성적이 오르지 않는 것도 마찬가지다. 기존의 공부 방법이 잘못되었기 때문이다.

중학교 시기를 어떻게 보내느냐에 따라 상황은 얼마든지 달라질 수 있다. 초등학교 때는 별로 눈에 띄지 않다가 중학교 때부터 서서히 빛을 발하면서 고등학교 때부터 상승곡선을 그리는 학생들도 있다. 그들은 대개 초등학교 때와 다른 공부법을 택하고 자기주도적인 학습법을 활용하기 시작한다.

14

한번 우등생을 영원한 우등생으로 만드는 공부법과 습관은 따로 있다. 하지만 그 방법을 자기 것으로 만들려면 많은 시간과 시행착오를 겪을 수밖에 없다. 중학교 3년이 중요한 이유가 여기에 있다. 고등학교에 가서 하기에는 이미 늦기 때문이다.

학업뿐만 아니라 인성과 가치관도 이 시기에 자리를 잡게 된다. 이 시기는 아이에서 어른으로 성장하는 과정을 거치며 인성과 가치관 등이 정립된다. 성품, 즉 됨됨이가 갖추어지지 않으면 성공할 수 없다. 올곧은 인품을 가진 사람은 힘들고 어려운 시간이 와도 그것을 잘 헤쳐나갈 수 있다.

인성교육은 학교나 학원의 교육만으로는 부족하다. 가정에서 하나씩 배우고 익혀야 한다. 사회적 성공을 위해서는 성적과 학벌이 일정 부분 필요하지만 성공의 필요충분조건은 아니다.

중학교 3년은 인생의 방향을 잡는 요소인 학업과 인성교육의 틀을 확립하는 중요한 시기임을 명심하자. 여기서는 특히 학업에 초점을 모아보기로 한다.

📖 기본기를 다질 마지막 기회

초등학교 6학년에서 중학교 1학년으로 올라가면 달라진 환경에 적응하기도 어렵고 학습량도 많아져서 매우 힘들다. 특히 1학년 1학기는 학교생활에 적응하는 데 에너지가 다 소모될 지경이다.

초등학교 때는 잘했는데 중학교에 가서 성적이 떨어지는 이유는 중학교 과정을 제대로 이해하지 못했기 때문이다. 3개월에서 늦게는 6개월 내에 중학교 생활에 적응하면서 학교 공부와 기본 기를 함께 닦아야 한다. 중학교 생활에 익숙해져서 대충대충 요령 껏 하다가는 금방 후회할 일이 생긴다. 다시 말해 중학교 시기때 잔머리를 굴려 그때그때 땜질하듯 보내면 고등학교 때 무너지는 것은 한순간이다.

고등학교는 중학교에 비해 양적으로나 질적으로 학습량이 엄청난 차이가 난다. 중학교 때에 기본기를 충분히 닦아놓지 않으면 고등학교에 가서 시간이 턱없이 부족해진다. 중학교 성적 우수자들이 고등학교에 가서 그대로 유지할 확률은 3분의 1정도라고 한다. 3분의 2가 결국 낙오를 한다는 말이다.

하지만 결정적인 이유는 잘못된 학습태도와 공부 방법에 있다. 중학교 시기에 이런 문제를 제대로 해결하지 못하면 3분의 2의 낙오자 명단을 예약한 것이나 다름없다. 지금은 생각 없이 놀다가 고2때 정신 차리고 죽어라 공부해서 S대학에 갔다는 전설은 더 이상 통하지 않는 시대이다.

이렇게 무너지는 것은 중학교 때 진짜 실력을 만들지 못했기 때문이다. 학교 내신에만 올인하다 보면 짝퉁 우등생이 되기 십상이다. 국영수 실력을 닦지 않고 눈에 보이는 '평균 95점'을 자신의 진짜 점수로 착각하기 때문이다. 내신과 실력이라는 두 마리 토끼를 잡는 공부 방법을 모른다면 그 점수는 의미가 없다.

📖 우등생 유효기간 끝!

중학교 3년 동안 반드시 익혀야 할 것은 성실한 공부습관이다. 머리가 유달리 뛰어나다면 벼락치기만으로도 높은 성적을 유지할 수 있다. 하지만 이런 방법은 고등학교에서는 통하지 않는다. 진도도 빠르고 난이도도 상상을 초월하기 때문에 수업을 따라가는 것만도 벅차기 때문이다.

수학은 학습의 깊이가 깊어진 만큼 많은 양의 공부 시간이 필요하다. 수학 학습의 절대량이 많아지면 자연히 다른 과목이 소홀해질 수밖에 없다. 더불어 사고력과 학습전략으로 탄탄하게 무장되어 있어야 한다. 중학교 시기에 이러한 대비를 빈틈없이 해야 한다.

사고하지 않고 무조건 단순 암기로 중학 시절을 보낸다면, 이제 곧 학업 우수자로서의 유효기간은 만료될 것이다. 무작정 암기하기에는 분량이 엄청난 데다가 내용도 어려워지기 때문이다.

가장 중요한 것은 아무리 외워도 시험문제가 결코 학생의 입맛에 맞춰 나오지 않는다는 점이다. 암기과목인 사회조차 전반적인 시대적 상황을 파악하지 않고서는 풀 수 없다. 수학과 과학은 더욱 심각하다. 고등학교 학습은 교과 내용을 제대로 이해하고 암기한 후에 문제에 접근하는 과정이 유기적으로 연결되지 않으면 시험문제 자체에 접근할 수 없다. 아무리 많은 시간을 투자해도 결과는 참담하기 일쑤다.

중학교 시기에는 공부하는 방법을 배우고 그중 자신에게 맞는 방법을 찾아야 한다. 특히 나무가 아닌 숲을 보는 공부법을 익혀야 한다. 우선 부분에만 집착하는 버릇은 버리고, 앞뒤 유기적인 관계를 이해해야 한다. 고차원적 수준의 공부를 하지 않으면 성적 향상은 물 건너간 셈이다. 책 앞부분만 손때가 새까맣고, 뒷부분은 눈부시게 하얗다면 곤란하다. 너무 꼼꼼하고 완벽하게 공부하려다 시간 관리를 하지 못하는 우를 범하지 말자.

📖 중학교 시절은 인생의 터닝 포인트

초등학교 아이들은 시키면 시키는 대로 하기 때문에, 엄밀히 말해 아이의 성적표는 '엄마 성적표'나 마찬가지다. 이 방법이 과연 중학교에서도 가능할까? 또 고등학교에서는? 대답은 독자들이 가장 잘 알고 있을 것이다.

사춘기인 중고등학교 때는 부모가 아무리 잔소리를 해도 먹히지 않는다. 자기 고집대로 하고, 어른들의 말을 무조건 잔소리로 치부한다. 약속이라도 한듯 어른들 말이라면 일단 반기를 드는 것을 청소년기의 미덕쯤으로 생각하는 아이들도 있다.

한편 주변 친구들이 모두 학원에 다니니 학원 수강도 무조건하고 본다. 일단 학원과 과외에 의지하는 습관을 버려야 한다. 학원에 질질 끌려다니다 보면 자기주도적 학습을 절대로 할 수 없다. 중학교 때 입시학원을 중심으로 생활했던 학생들은 늘 수동적으로 공부를 했기 때문에, 고등학교 생활에 적응하기가 힘들고 좋은 학원과 과외에 의지해보지만 성적은 늘 제자리걸음이다.

또한 공부에만 허덕이다 보면 자기 자신에 대해 생각할 겨를이 없다. 자신이 무엇을 좋아하고 무엇이 되고 싶은지 진지하고 차분하게 생각해보는 시간을 가져야 한다.

원하지 않는 일을 평생 해야 한다고 생각해보자. 얼마나 고통스러울지 경험하지 않아도 짐작이 갈 것이다. 꿈과 목표를 향해 한 걸음씩 걸어간다는 생각으로 공부를 해야 한다. 어디가 어디인지 모르고 허겁지겁 핸들만 바쁘게 돌리다 보면 전혀 엉뚱한 곳으로 가게 될 것이다.

결국 중학교 시기를 어떻게 보내느냐에 따라 고등학교 성적이 결정된다. 준비되지 않는 노후가 재앙이듯, 준비되지 않는 고등학교 진학도 별반 다를 것이 없다. 중학교 3년은 인생의 터닝 포인트이다.

선생님과 스타일이 안 맞아요.

공부 스타일
따라잡기 ❶

A 경험적 학습이론의 대가인 심리학자 데이비드 콜브에 의하면, 정보를 인지하고 처리하는 방식은 사람마다 제각기 다르게 타고난 다고 한다. 따라서 자신의 공부 스타일을 알면 성적을 올리는 데 훨 씬 유리하다. 만약 나의 학업 스타일과 학교생활이 안 맞을 때는 어 떻게 해야 할까? 학교나 선생님 탓만 하면 당사자만 손해이다. 마 음 자세를 바꿔보자. "선생님 방식을 내 스타일로 바꿔서 활용해보 자", "선생님 방식이 내 방법보다 나은 점은 뭘까?", "나는 이 문제 에 대해 좀 더 상세한 내용과 많은 사실들을 찾아낼 거야"라고 적 극적으로 대처하는 것이 좋다.

2

지금 나의 위치는
어디쯤에 있을까?

누구에게나 현 위치를 아는 것은 매우 중요한 일이다. 당장 눈앞에 있는 특목고를 선택할 것인가 말 것인가부터 로드맵이 달라지기 때문이다. 비단 특목고뿐만이 아니다. 현재 여러분은 자신의 정확한 위치를 파악하고 진짜 실력으로 상향이동해야 하는 시점에 서 있다.

📖 공부 잘하는 짝퉁과 이제 헤어져라!

중학교 때 공부를 잘했던 학생이 고등학교에 진학함과 동시에 헤매는 경우가 많다. 사춘기나 친구문제일 수도 있지만, 중학교 때까지 공부한 내용, 공부 방법, 공부습관들을 돌아보면 그것은 이미 예견된 일이다.

영어와 수학 같은 주요 과목이 100점이면, 나머지 과목은 시험 기간에만 벼락치기를 해도 높은 점수를 유지할 수 있다. 머리 좋은 학생들은 그리 어려운 일이 아니다. 하지만 중학교 때 평균 95점 대 이상이라고 안심하고 있다가는 큰코다친다. 그렇다면 왜 모범생이었던 학생이 고등학교에 가서 헤매는 것일까? 바로 중학교 때 내신에만 올인했기 때문이다.

● 공부 방법, 그것이 문제로다!

오늘의 공부는 내일의 실력이다. 그러니 자신의 공부 방법을 점검해서 고등학교 때 보이지 않는 틈으로 샐 수 있는 점수의 누수현상을 철저하게 막아야 한다. 중학교 공부는 고등학교에 비하면 지극히 단편적이며 학습량도 적다. 따라서 내신 올인족은 지금의 영광에 안주하면 안 된다. 머지않아 실력을 차근차근 쌓아올린 무림의 강호들에게 그 자리를 내주어야 할지도 모른다. 이제 암기 위주의 학습법을 뛰어넘어 이해와 응용의 고지로 올라가보자.

중학교 공부에 비하면 고등학교 공부는 진도도 빠르고 학습 분량도 훨씬 많다. 우선 지금 공부하는 방법이 어떤 식인지 체크해보자. 꼼꼼지존이라면 이제 속도 조절이 필요하다. 지금처럼 너무 세세한 부분까지 외우려고 애쓰다 보면 전체적인 틀을 놓칠 수 있다. 뿐만 아니라 끝까지 다 보지도 못하고 앞부분만 공부하다 지쳐서 마무리를 하지 못하게 된다.

똑똑한 머리만 믿는 벼락치기족이나 달달암기족도 더 이상 통하지 않는다. 암기로 흥한 자 암기로 망한다는 말을 명심할 것! 학교 공부를 대충하는 선행추종형도 예외는 아니다. 지금 하고 있는 공부를 우습게 보는 것은 안 좋은 버릇이다. 나쁜 학업 자세는 부메랑이 되어 결국 나쁜 점수로 돌아온다. 학원에서 떠먹여주는 공부에 익숙해진 학원의존형은 절대시간이 부족한 고등학교에서 급좌절하게 된다. 스스로 공부하는 방법을 익히지 못했으니 우왕좌왕하는 것은 당연하다.

📖 차이를 알면 희망이 보인다

거울을 보라. 그리고 냉철하게 지금의 모습을 분석해보자. 중학교 공부가 100미터 달리기였다면, 고등학교 공부는 마라톤이다. 마라톤 공부를 100미터 달리기식으로 했다가는 얼마 가지 못해 쓰러지고 만다. 장거리를 뛰려면 지구력과 끝까지 포기하지 않는 끈기가 필요하다. 전체를 이해하면서 여러 번 반복하는 공부 방식에 적응해야 한다. 특히 꼼꼼지존형에게는 사고의 전환이 필수이다.

수학을 예로 들어보자.

고등학교 수학의 학습량은 중학교 때보다 두 배 이상 늘어난다. 게다가 난이도도 훨씬 높아진다. 고등학교 때의 성적은 수학으로 판가름 난다고 해도 과언이 아니다. 한 설문조사에 따르면, 학습량은 두 배가량 늘어나지만, 학생들의 수학 체감 속도는 거의 서너 배에 달한다고 한다. 학생들은 헉헉거리며 거의 쓰러질 지경이다.

게다가 고등학교 때 새로 배워야 하는 수학 개념이 엄청 많아진다. 고등학교 1학년 과정인 〈10-가〉와 〈10-나〉는 중학교 심화 과정이라 볼 수 있지만, 〈수1〉과 〈수2〉는 다르다. 행렬, 로그, 수열, 극한, 미분, 적분, 벡터, 급수 등 완전히 새로운 개념이 등장하게 된다.

이 난제를 헤쳐나가기 위해서는 학교 기출문제 수준의 공부에서 벗어나야 한다. 다양한 수학 개념들을 이해하고 이를 복합적으로 사용할 줄 알아야 하며, 그 개념과 풀이 방법을 적재적소에 조합하는 능력이 필요하다. 중학교 때부터 수학을 깊이 있게 공부하는 자세와 해낼 수 있다는 자신감이 필수다.

수학에 비해 영어는 상대적으로 수월한 편이다. 중학교 필수 영단어는 약 2,000단어 정도이다. 반면 고등학교 필수 영단어는 4,000개가 넘는다. 더불어 단어 수준도 높아지고, 영어듣기도 수능 수준으로 공부해야 한다. 영문법도 중3때까지는 기본을 잘 다지고 끝내야 한다. 기본 공부 외에도 영어소설이나 영자신문 등을 읽으면서 전체적인 내용이나 주제를 파악하는 능력을 키우는 것이 좋다. 기본 텍스트를 통해 유추해낼 수 있는 국어 실력도 필수인데, 비판적 독서가 그 대안이다.

국영수를 잡아놓지 않으면 고등학교 때 추락은 예상된 시나리오이다. 암기과목으로 점수 올리기나 내신 위주의 공부법에서 벗어나야 하는 절대적인 이유가 여기에 있다.

📖 특목고에 가고 싶다고?

공부를 어느 정도 한다고 하는 학생들 대부분이 특목고 진학을 꿈꾼다. 하지만 친구 따라 강남 가는 식으로 무조건 분위기에 휩쓸리면 안 된다. 특목고의 장점과 단점을 정확하게 파악하고 자신의 상황을 꼼꼼하게 따져 현명한 선택을 해야 한다.

● 너무나 유혹적인 특목고

우수한 학습 분위기, 높은 수업 수준, 일반고보다 높은 명문대 진학률, 이것은 모두 특목고를 두고 한 말이다. 남들은 고등학교에 가서 시작하는 것을 중학교 때 미리 경험한다고 하니 어찌 매력적으로 보이지 않겠는가.

특목고 준비과정도 수능 준비와 비슷하다. 중1 때부터 원하는 특목고의 입시전형에 맞춰 전략을 세워야 한다. 내신과 자체 시험의 요건과 자격요건을 빠짐없이 준비해야 하고, 가산점까지 꼼꼼하게 따져 필요에 따라 올림피아드나 토플도 준비해야 한다. 대학입시에서 내신, 수능, 심층면접이나 논술을 준비해야 하는 것과 비슷하다. 위와 같은 일련의 훈련을 통해 특목고를 준비하면서 예비 경험을 할 수 있다.

모 특목고 설명회에서는 아예 "우수한 학생이 모인 고등학교

인맥은 향후 성공의 키워드입니다. ○○외고 출신 인사들의 사회 진출과 활약상을 아시지 않습니까"라며 한국사회의 인맥 문화를 노골적으로 드러내기도 한다. 여기에 이의를 제기할 사람은 없을 것이다. 다소 빗나간 사고방식이지만 우리 사회의 현실이기 때문이다.

장점만 보면 무조건 특목고에 올인해야 할 것처럼 보일 수 있다. 특목고에만 가면 장밋빛 미래가 보장될 것 같다고? 하지만 절대 그렇지 않다!

만병통치약이라도 부작용은 얼마든지 있다. 그 약의 치사율이 0.01퍼센트라고 하자. 대부분의 사람들은 자신이 그 0.01퍼센트에 해당되리라고 생각하지 못한다. 하지만 0.01퍼센트에 들어가면 어떻게 될까? 치명적이다. 그러나 특목고에 가서 성공할 아이들은 일반고에 가서도 성공한다. 다만 성공할 가능성이 높은 아이들이 특목고에 몰려 있는 것뿐이다.

● 때로는 독보다 치명적인 특목고

복잡한 입시전형을 모두 대비해야 하는 상황이 왔다. 다시 말해서 한 가지도 잘하기 어려운 여건에서 여러 가지 학습을 병행해야 한다는 뜻이다. 내신과 창의·사고력 시험 준비, 선행과 심화 등 어느 것 하나 가볍게 볼 수 없다. 강도 높은 학습량에 지쳐 아무리 해도 안 된다는 절망에 부딪쳐 포기하기도 한다. 그러면 정작 속도를 내서 공부해야 할 고등학교에 가서 쓰러질 수도 있다.

학생은 자신의 학습량을 점검해보자. 부모는 무조건 자기 욕심으로 밀어붙이지 말자. 부모와 아이가 항상 진지한 대화를 나눠야 한다. 대화만이 해답을 찾을 수 있다. 2퍼센트 부족한 실력이라고 치자. 힘들지만 그 상황을 이겨낼 내적 힘이 있다면 도전해보는 것이 좋다. 그러나 현재 학습량을 심리적으로 견딜 수 없다면 어떻게 될까? 떨어지는 꽃잎처럼 모든 것을 포기하게 될지도 모른다.

어린 나이에 꼭 경험하지 않아도 되는 인생의 쓴맛을 과연 감당해낼 수 있을까? "구더기 무서워 장 못 담글까?"라는 속담이 있다. 장이야 꼭 필요한 것이지만 특목고는 그렇지 않다. 들어가면 좋고, 안 들어가도 상관없는 곳이다. 특목고에 들어가지 못했다고 누가 뭐랄 사람 없다.

지금껏 한 번도 실패를 모르고 곱게 자란 온실 속 화초가 '특목고 불합격'으로 받은 충격과 좌절감은 생각보다 후유증이 크다. 마음을 빨리 추스르고 일반고에서 재기를 노리면 다행이지만, 경우에 따라서는 방황의 시간이 길어질지도 모른다.

경험하지 않아도 되는 인생의 쓴맛은 불합격만이 아니다. 합격의 기쁨도 잠시, 난다 긴다는 똑똑한 집단 속에서도 서열이 다시 나누어진다. 그들은 지금껏 세상 무서울 것 없이 자기 잘난 맛에 살던 아이들이다. 그리고 그들을 더욱 돋보이도록 해주는 사람들이 있는데, 그 제물은 특히 턱걸이로 들어간 아이들이 될 확률이 높다.

중간고사 실패의 엄청난 충격을 기말고사에서 회복해보려고 하지만 역부족이 되고, 결국 '자퇴'라는 극단적인 선택을 하는 아이들도 있다. 어쩌면 스스로 낙오자라는 주홍글씨를 가슴에 새겨 넣을지도 모른다. 일반고라면 전교권에서 놀았을 많은 아이들이 자퇴 결정이나 우울증에 시달리기도 한다.

특목고 진학을 인생의 최고 목표로 착각하는 부모나 아이들이 생각보다 많다. 대입과 연결해서 꼼꼼하게 따져보고 실익을 챙겨야 한다. 또한 실력뿐만 아니라, 강인한 심성을 가지고 있는지 심각하게 고민하고 결정해야 할 문제이다.

저는 반에서 23등 해요.
10등 안에 들고 싶어요.

공부 스타일
따라잡기 ②

A 중하위권에 있는 학생들은 대부분 대형 학원으로 몰려다니며 자신들이 들러리인지도 모르고 의자 수만 채우고 있다. 그들의 가장 큰 문제는 중요한 것과 중요하지 않은 것을 구분하지 못한다는 점이다. 공부를 하지 않았으니 중요한 것이 무엇인지 모르는 것은 당연하다. 또한 책상에만 앉아 있으면 점수가 오른다고 생각하고 시간 채우기에 급급하다. 하지만 점수는 또 바닥이고, "역시 나는 안된다"며 좌절하고 만다. 중하위권 학생들은 상위권을 목표로 삼지 말고, 일단 기본기를 잡아야 한다. 기본기가 없는 상태에서 아무리 문제를 많이 풀어도 점수는 절대 올라가지 않는다. 따라서 무작정 문제 풀이식 학원에 등록하지 말고, 기초 개념을 잡아주는 학습에 시간을 투자해야 한다.

3

공부에도
스타일이 있다

📖 자신만의 학습 다이어리

강남에 사는 소희는 엄마가 짜준 방학 스케줄표를 보면서 툴툴 거리기 시작했다.

"아예 학교를 다니는 게 더 편하겠네. 내가 못살아!"

소희는 꿀맛 같은 학원 방학만 눈이 빠져라 기다리고 있었다. 그런데 엄마한테 청천벽력 같은 소리를 듣고 만 것이다.

"소희야, 이번 학원 방학 때 캠프 신청해놨어. 신청받자마자 마감이 돼서 대기자에 올려놨는데 오늘 연락이 왔네."

"무슨 캠프?"

소희는 왠지 모를 불길함으로 짜증을 내며 물었다.

"동기부여 캠프야. 공부법에 대해 자세히 가르쳐준대. 거기다

서울대 출신 선배들과 간담회도 있어."

"그나마 방학도 3일밖에 없는데 또 공부캠프야?"

소희는 화가 머리끝까지 났다.

그런데 이게 웬일인가! 온갖 짜증과 성질을 있는 대로 다 부렸던 소희가 캠프에서 돌아와 180도 달라졌다. 동기부여가 얼마나 빵빵하게 되어 있던지, 그 비싼 캠프비가 하나도 아깝지 않았다. 텔레비전 소리가 조금이라도 나면 귀신같이 나와 거실을 어슬렁거리던 소희가 공부하는데 방해가 된다며 텔레비전을 안방으로 옮겨달라고 말했다. 서울대에 다니는 선배 이야기를 수시로 꺼내면서 공부에 열정을 불태우기도 했다.

하지만 일주일 후 언제 그랬느냐는 듯 원래의 소희로 원상복구되었다. 소희의 큰 이모는 애가 타는 소희 엄마의 마음을 알고, 사촌오빠인 민우를 긴급출동 시켰다. 민우는 소희에게 줄 학습 다이어리를 가지고 찾아왔다.

"소희야, 네가 처음처럼 꾸준히 공부하지 못하는 데는 이유가 있어. 공부습관이 안 들었기 때문이야. 학습 다이어리를 써봐. 이것만 꾸준히 써도 반은 성공한 셈이야. 목표가 눈에 보이니 자극도 되고, 못하면 반성도 되고 시간 관리도 되거든."

소희는 최근 학습 다이어리를 쓰면서 자신의 부족한 점과 고칠점들이 서서히 보기 시작했다. 지금까지 자신에게 맞는 공부 스타일을 찾아내지 못한 것이 후회스럽기만 하다.

● 나는 대체 어떤 스타일이지?

다른 친구들은 벌써 각자의 스타일을 찾아서 공부를 하고 있는데, 소희는 여전히 시행착오 중이다.

소희는 얼마 전부터 알 수 없는 질투심으로 그저 밉기만 했던 심화반 친구들을 유심히 살펴보기 시작했다. 가끔은 껌딱지처럼 붙어서 모르는 문제를 물어보기도 했다. 그런데 가만히 보니 개개인마다 공부 스타일들이 전혀 달랐다. 공부하는 시간도 다르고 공부가 잘되는 장소도 달랐다.

일찍 자고 새벽에 일어나 공부하는 예린, 밤에 집중이 더 잘된다며 새벽 2시까지 공부하는 소라, 틈만 나면 공부하는 꼼꼼 혜수, 수업시간 집중이 최고라며 나머지 쉬는 시간은 제대로 쉬는 미란, 독서실에서 공부가 제일 잘된다는 영실, 적당히 시끌벅적한 도서관이나 교실을 좋아하는 채린이 등 모두 다 제각각이었다.

그뿐만이 아니다. 학습 다이어리를 살짝 보니 영란이는 그날 공부할 한두 과목만 표시해서 목표량을 채우는데, 석란이는 50분마다 과목을 바꿔가며 공부했다. 시험점수가 올라가면 파격적인 용돈을 받는다며 목숨 걸고 공부하는 희정이도 있고, 수학문제를 풀 때 제일 신난다는 수학귀신 여진이도 있다.

사촌오빠 민우는 소희에게 공부를 잘하는 친구들은 이미 자신에게 맞는 공부 방법을 터득했다는 사실을 귀띔해주었다. 소희는 그동안 아무것도 한 게 없는 것 같아 스스로 한심하고 막막했다. 그때 소희의 마음을 알았는지 친구 석란이가 진심으로 충고를 해주었다.

"나도 그런 적이 있었어. 여러 가지 공부 방법 중에 공통적으로 도움이 되는 것을 먼저 시도해보고 천천히 네 스타일을 찾아봐."

📖 이해의 속도? 배움의 속도?

공부법은 가지각색이다. 그러니 수많은 공부법 책이 나오지 않겠는가! 그런데 공부법도 중요하지만 그 전에 자신에 대해서 더 많이 더 정확하게 알아야 한다.

아무리 강남의 명강사라고 해도 100명을 가르치면 1등부터 100등까지 서열이 나누어질 수밖에 없다. 왜 그럴까? 강사가 제 아무리 뛰어나도 학생의 이해 속도에 따라 그 효과가 달라지기 때문이다. 연구 결과, 15퍼센트의 학생들만이 비싼 돈을 들여 사교육을 시킨 효과가 나타난다고 한다. 나머지는? 속은 쓰리겠지만 그들은 학원 들러리에 불과하다. 무조건 고액과외나 잘나가는 학원을 맹신해서는 안 된다. 아이의 이해 속도에 맞춰 공부를 해야 한다.

이렇게 배움의 속도가 다른데 똑같이 선행학습을 한다고 효과가 있을까? 욕심 때문에 무작정 선행학습을 시작하는 것은 매우 위험하다. 사실 선행학습은 대개 부모의 '권유와 압력'으로 이루어진다. 스스로 필요성을 느끼고 하는 것이 아니라, 하라고 하니까 떠밀려서 공부할 뿐이다. 초등학교 시절에는 무조건 부모의 말을 따르지만, 자신의 힘이 커지는 시기부터 반항을 하고 결국 실패에 이르기도 한다.

학교와 학원 양쪽에서 반복해 들으면 두 배로 효과가 있을 것 같지만, 실제로 그렇지 않다. 학원에서 다 배웠다고 자만하며 학교 수업시간에 딴짓을 하기 일쑤다. 그런데 유감스럽게도 이런 학생들은 선행학습을 하지 않은 학생들보다 시험성적이 낮은 경우가 많다. 이유는 간단하다. 어느 쪽에도 집중을 하지 않았기 때문이다.

수학이 유독 쥐약인 서영이는 새로 다니기 시작한 A수학학원에 적응하기가 너무 힘들다. 선생님은 무조건 스스로 문제를 풀어보라고 하지만, 응용력이 별로 없는 서영이에게는 시간 낭비일 뿐이다. 중간고사 시험을 수학 때문에 완전 망치고 나서야 B학원으로 옮겼다. 서영이는 그 학원에서 수학의 개념을 차근차근 제대로 알게 되었고, 드디어 자신에게 맞는 공부법을 찾았다는 확신이 들었다.

하지만 진숙이는 A수학학원의 공부법이 맘에 들었다. 끝까지 매달리다 보면 문제를 해결하는 성취감도 생겼고, 덤으로 같은 유형의 문제가 어떤 식으로 나와도 풀 수 있게 되었다. 또 오랫동안 기억이 나기 때문에 다시 틀리는 일도 거의 없었다. 이렇게 서영이와 진숙이처럼 성향을 유심히 파악한 후에 학원을 선택해도 늦지 않는다.

● 학습 성향 진단하기

1 외적 성향 & 내적 성향

외적 성향인 경우 활달하고 친밀한 관계를 중요하게 여기기 때문에 친구들과 함께 공부할 때 더 큰 시너지를 발휘한다. 하지만 너무 지나치면 친구 따라 강남 가듯, 몰려다니는 재미에 빠지게 된다. 공부보다는 잿밥에 빠지지 않도록 조심해야 한다.

반면, 내적 성향인 경우에는 조용히 혼자 공부하기를 원한다. 잘하는 과목부터 시작하면 자신감이 생겨 좋은 결과를 얻을 수 있다.

2 좌뇌형 & 우뇌형

좌뇌형은 분석적이고 논리적이다. 수업 내용을 이해하고 정리하는 능력이 뛰어나며, 단계적인 목표를 정확히 세우면 훨씬 더 잘해낼 수 있다. 여러 가지 다른 관점으로 현상을 파악하는 능력을 기른다면 좀 더 효과적이다.

우뇌형은 문제를 직관적으로 잘 파악하며 해결능력도 뛰어나다. 반복이나 단순계산을 싫어하고 논리적 설명이 부족하므로, 시각적인 교육 자료가 효과적이다.

3 현실형 & 이상형

현실형은 현재에 초점을 맞춘다. 무슨 일이든 사실에 기초하여 정확하고 철저하게 생각한다. 단, 현실이 중요하다 보니 미래에 대해 별로 신경을 쓰지 않는 경향이 있다. 미래에 대한 꿈을 가지고 계획을 세운다면 현실감각이 더욱 돋보일 것이다.

이상형은 인격적인 관계 형성과 조화로운 관계를 좋아한다. 경쟁적이거나 갈등 상황에 직면하는 것을 힘들어하며, 자신을 이해해줄 때 더 큰 역량을 발휘한다. 주입식보다는 토론 등의 피드백식 학습법이 더욱 효과적이기 때문에 일대일이나 소수 모둠식 학습이 좋다.

4 결정 실행형 & 심사숙고형

결정 실행형은 생각과 동시에 실행에 옮긴다. 막판에 고도의 집중력을 발휘하는 벼락치기 공부의 귀재이다. 하지만 거듭 말하건대, 고등학교에 올라가면 엄청난 학습량과 부족한 시간으로 벼락치기를 하면 망하기 십상이다. 시간이 여유로울 때 계획을 세워서 실천하는 습관이 필요하다.

심사숙고형은 결정하기까지 많은 고민을 한다. 여러 변수들을 생각하다 보니 결정하는 시간이 너무 오래 걸린다. 시간을 정하고 공부하는 습관을 길들이자.

5 목적 위주형 & 흥미 위주형

목적 위주형은 뚜렷한 목표만 있으면 자발적으로 공부한다. 목표를 위해 싫어하는 과목도 최선을 다해서 공부한다. 하지만 현실적인 목표를 항상 체크해야 한다. 자칫 높은 목표 설정으로 과도

한 스트레스를 받을 수 있기 때문이다.

흥미 위주형은 좋고 싫음이 분명하다. 좋아하는 과목에만 매달리고 싫어하는 과목은 아예 거들떠보지도 않는다. 자칫 잘못하면 내신관리에 실패할 수도 있으니 관심 없는 과목일수록 의도적으로 흥미를 가져보자.

6 장기 집중형 & 단기 집중형

장기 집중형은 오랜 시간 동안 같은 자리에 앉아 집중하는 것이 가능하다. 주의할 점은 바른 자세로 공부를 하도록 하고 틈나는 대로 스트레칭을 해서 몸의 긴장을 풀어야 한다. 또 너무 한 문제에만 매달려 시간을 효율적으로 관리하지 못하는 경우도 있으니, 경우에 따라 선생님이나 친구 혹은 참고서의 도움을 받는 융통성을 발휘하자.

단기 집중형은 오랫동안 집중하기가 힘들기 때문에, 시간을 토막 내서 여러 과목을 공부하는 것이 유리하다.

인강이냐, 직강이냐?

"휴……."

세진이는 긴 한숨이 나왔다.

"어떡하지?"

세진이는 손톱을 물어뜯으며 난감해하다가 결국 눈물을 뚝뚝 떨어뜨린다. 고등학교 1학년 세진이는 밤 10시까지 자율학습을 한다. 집에서 다시 공부를 시작하려면 아무리 빨리 책상에 앉아도 밤 11시는 되어야 한다.

중학교 때까지 이런 일은 상상도 하지 못했다. 그땐 알아주는 입시학원에서 하라는 대로만 하면 점수가 잘 나왔다. 하지만 지금은? 학원의 도움만으로 좋은 점수를 받는 것이 불가능해졌기 때문에 답답하기만 하다. 세진이는 이미 떠먹여주는 공부에 길들여져 있다. 중학교와 크게 달라진 환경에 제대로 대처하지 못한 자신이 그저 밉고 안타까울 뿐이다.

하루는 세진이의 고민을 들은 단짝친구 진희가 인터넷 강의(인강)를 추천해주었다. 처음 해보는 인강은 생각보다 집중이 어려웠다. 컴퓨터 앞에 있으니 손이 자꾸 근질근질해졌다. 친구와 메신저도 하고 싶고, 좋아하는 인기가수의 팬클럽 사이트에도 들어가고 싶었다. 이렇게 매번 딴짓을 하기 일쑤라서 세진이에게 인강은 아무런 의미가 없었다. 결국 세진이는 학원에서 주말반 수업을 받기로 했다. '공부는 역시 선생님을 보면서 해야 돼'라는 생각이 절로 들었다.

반면 인성이는 달랐다. 인성이는 학원을 다니지 않고 혼자서 공부를 한다. 부족하거나 어려운 부분이 나오면 인강의 도움을 받는다. 게시판에 질문을 올리면 바로바로 답변을 받을 수 있어 좋다. 학원까지 왔다 갔다 하는 시간 낭비도 없고, 가격도 학원비보다 더 저렴하다. 인성의 생각에는 선생님의 수준도 동네 학원 선생님보다 훨씬 낫다. 그에게 인강은 실력을 업그레이드 시켜주는 최고의 선생님이다.

어떤 참고서를 써야 할지 모르겠어요.

공부 스타일
따라잡기 ❸

A 요즘 서점의 학습코너에 가면 넘쳐나는 참고서들로 눈이 아플 정도이다. 학생들은 상위권 학생들이 갖고 있는 참고서에서 눈을 떼지 못하거나, 화려한 광고 문구에 금세 마음을 빼앗겨 대량(?) 구입을 하고 만다. 참고서는 여러 권을 보는 것보다 한 권을 정독하는 것이 좋고, 문제만 나열된 문제집보다는 학생들의 이해를 돕기 위한 개념 설명이 제대로 되어 있는 것이 좋다. 수석 입학한 학생들이 하나같이 하는 말이 있다. "교과서로 공부했어요." 이 말은 절대 진리이다. 교과서를 최대한 이용하고, 참고서는 자신의 수준에 맞는 것으로 고르면 된다.

4

일 년 치 학교 일정이
내 손안에

📖 월별 학교 일정 파악하기

● 월별 일정을 한눈에

월	학교 일정에 대처하는 우리의 자세
3월	팔랑팔랑 들뜬 기분, 안정제가 필요해~
4월	중학교 3년을 좌우하는 공포의 첫 시험!
5월	시험 후유증과 슬럼프, 들뜬 수련회의 짬짜면
6월	시험공부 모드 돌입 Go~ Go!
7월	기말고사로 인생 역전에 도전하다.
8월	휴가는 찐하고 짧게!
9월	이번엔 제대로 된 시험공부 실시!
10월	놀면 더 놀고 싶은 법, 공부 리듬을 잃지 말자.
11월	자신을 냉정하게 돌아보는 시간을 가져라!
12월~2월	나비를 꿈꾸는 애벌레의 시간

3월 　중학교는 초등학교 때보다 통학거리가 제법 멀어진다. 지금까지 함께하던 친구들과 헤어지고 온통 낯선 사람들과 지내야 한다. 교복도 아직 불편하고 낯설기만 하다. 학교도 늦게 끝나고, 아침에도 더 일찍 가야 한다. 임원 선출에 각종 동아리 가입, 진단평가, 환경미화심사로 교실 분위기는 '후' 하고 불면 팔랑팔랑 날아갈듯 어수선하다. 수업시간마다 다른 선생님이 들어오고, 숙제도 장난이 아니다. 과목도 세분화되어 있고, 무슨 말인지 잘 몰라 수업시간에 집중하기도 힘들다.

　담당선생님은 첫 수업시간에 수행평가 일정과 과제, 점수 산정 방식들을 알려준다. 이때 학사 일정표와 더불어 수행평가 일정을 꼼꼼하게 체크해서 달력에 표시해야 한다. 기한 내에 제출하지 못하면 가차 없이 감점을 당하기 때문이다.

　또 벼락치기로 수행평가를 준비하면 허술할 수밖에 없으니 자신 없는 수행평가는 마감기한까지 시간을 잘 나누어 하루 10분이라도 연습하도록 한다. 특히 신입생인 경우는 하루 빨리 새로운 환경에 적응하고 차분하게 자기만의 페이스를 찾도록 노력하자.

4월 　정신없이 갈팡질팡했던 3월이 지나고 학교에 적응할 때쯤이 되면, 4월 말에서 5월 초에 있는 첫 번째 중간고사가 대기하고 있다. 학원에 다닌 학생들은 이미 6학년 2학기 때부터 이 시험을 위해 8개월 이상을 투자하기도 한다. 이렇게까지 할 필요는 없지만, 이미 반복에 반복을 거듭한 친구들이 있음을 인식하고 바짝 긴장해야 한다. 갖가지 행사들에 대비하고, 수행평가 준비기간을 잘 배분해서 공부에 차질이 없도록 한다.

시간을 배분하고 관리하는 것은 필수이며, 이는 철저히 자신의 몫이다. 일단 첫 시험인 만큼 최고의 성적이 나오도록 해야 한다. 친구들 사이에 보이지 않는 레벨이 정해지기도 하고, 선생님에게 보여주는 첫 실력이니 만큼 최선을 다해야 한다.

뿐만 아니라 이미 나온 성적을 다시 뒤집는 것은 결코 쉬운 일이 아니다. 첫 시험은 중학교 생활에 있어서 자신감을 좌지우지한다. 특히 오답 체크에 주의하고 자투리 시간 관리도 철저히 해야 한다. 기출문제까지 다 풀고도 자신이 없으면 인터넷 강의로 중간 시험 대비를 하는 것도 요령이다.

5월 석가탄신일, 어린이날, 재량휴업일 등 쉬는 날이 많은 5월이다. 그래서 이 기간에 중간고사를 맞춰 딴짓을 못하게 하는 학교들도 많다. 그렇지 않더라도 이 기간에 룰루랄라 놀면 안 된다. 공휴일이나 토, 일요일만큼 제대로 공부하기 좋은 조건도 없다. 상위 1퍼센트들은 이때 집중해서 공부한다는 사실을 잊지 말자.

중간고사의 후유증은 대단히 심각하다. 여러 과목의 시험을 치르다 보니 시간 안배를 잘못해서 시험을 망치는 경우가 종종 있다. 내신에 올인할 필요는 없지만 내신은 곧 성실성을 말해준다. 부족한 부분이 무엇인지 반드시 체크해야 한다. 슬럼프에 빠져 허우적거리다 1학기를 다 보내지 말고, 자신만의 학습 리듬을 찾아라. 특히 첫 번째 수련회로 들떠 있었던 마음을 차분하게 가라앉힌다.

6월 초등학교와 가장 다른 것은 뭐니 뭐니 해도 시험을 보는 방식이다. 특히 기말고사는 전과목을 모두 치른다. 예체능까지 시험을 치기 때문에 과목수가 상당히 부담스럽다. 사실 중간고사는 배운 게 별로 없고 과목수도 적어 기말고사에 비해 상대적으로 쉽다. 하지만 기말고사는 과목수는 물론이고 시험범위도 만만치 않기 때문에 착실하게 대비해야 한다.

날씨가 더워지면서 슬슬 졸음도 쏟아진다. 거기다 늦은 시간까지 학원 숙제와 예습을 하다 보면 수업시간에 조는 일은 다반사이다. 문제는 시험 출제자가 바로 담당선생님이라는 사실이다. 조는 그 순간에 선생님 입에서 예상문제가 나온다고 생각해보라. 수업시간에 졸지 않도록 체력관리와 수면관리에 신경을 쓰고, 정신력으로 똘똘 완전 무장을 한다.

7월 첫 시험의 상처를 치유할 기회가 되는 기말고사가 있다. 성적은 '수행평가+중간고사+기말고사'로 합산된다. 부실한 중간고사 성적을 만회하도록 힘써야 한다. 공부 방법과 습관, 동기, 학습계획과 실천력 등 성적 부진의 원인을 찾아 본격적으로 대대적인 보수공사에 들어가야 한다. 아직까지도 공부 패턴과 방식, 선행학습과 내신시험 준비의 리듬이 파악되지 않았다면 중학교 내내 허우적거릴 가능성이 높다.

기말고사가 끝난 시점부터 방학 때까지 산만해지기 십상이다. 여름방학 계획을 방학 시작하면서 실천하면 안 된다. 여름방학 학습계획은 두 단계로 나뉜다. 1단계는 기말고사 후부터 여름방학 시작 전까지이고, 2단계는 본격적인 여름방학 기간이다. 특히 1단계에 주의하라. 이 시간을 어떻게 활용하느냐에 따라 여름방학 내내 공부한 분량만큼 해낼 수 있다. 남들 다할 때 공부하면 현상유지밖에 안 된다. 남들이 공부하지 않을 때 공부해야 남들보다 앞설 수 있다는 점을 명심하자.

8월 선행과 실력을 올리는 절호의 기회가 될 수 있다. 밤늦게 자고 아침 늦게 일어나지 않도록 주의하자. 날씨가 더운 만큼 낮시간에 집중하기 어려우니 이른 아침에 공부하는 것이 효과적이다. 특히 수학처럼 집중력을 요하는 과목을 공부하도록 하자.

졸리는 오후 시간에는 가벼운 독서를 한다. 학기 중에는 책 읽을 시간이 부족한 만큼 계획을 세워 독서를 하되, 방학 중에 읽을 책을 미리 구입해놓는다. 학원에 가지 않는 주말은 시간 죽이기식으로 흘려보내지 말고, 휴식은 짧고 확실하게 하자! 제대로 놀고, 제대로 공부하는 사람이 진짜 고수이다.

9월 방학 동안 예습과 선행모드로 공부했다면 9월 초순까지는 선행학습을 다시 되새김질하는 시간을 갖고, 중간고사 2주 전부터 시험공부에 돌입한다. 이미 두 번의 시험을 치렀으니 더 이상 시행착오가 없도록 주의한다.

10월 추석연휴와 개천절, 재량휴업일 등 노는 날이 줄줄이 소시지처럼 있는 달이다. 중간고사가 있는 경우에도 마음이 들떠서 공부에 집중하기가 쉽지 않다. 중간고사가 끝났다면 더 말할 것도 없을 것이다. 공부습관을 들이는 것은 무척 어렵지만 그 리듬이 깨지는 것은 순식간이다. 10월 초에 풀린 긴장이 쭉 이어지는 불행한 사태가 일어나지 않도록 한다. 놀면 더 놀고 싶은 법! 중간고사가 끝남과 동시에 진행하고 있던 영어와 수학의 페이스를 잃지 않도록 한다.

11월 중3은 기말고사가 11월 중순에 있다. 중1, 2학년은 11월 중순부터 다음 달에 볼 기말고사 준비를 해야 한다. 친구 따라 강남 가듯 아무 생각 없이 특목고를 지망해서는 안 된다. 스스로에게 진지하게 물어본다. 부모나 주변 분위기에 휩쓸려 특목고 입학을 정하면 그 의지가 그리 오래가지 못한다.

특목고 진학은 무엇보다 본인의 의지가 중요하다. 특목고에 따라 공부해야 할 방향도 달라진다. 특목고 진학을 꿈꾼다면 내신 관리에도 힘쓰자.

진짜 실력을 올릴 수 있는 시기이다. 날씨가 더워 집중하기 힘든 여름에 비하면 겨울방학은 공부하기에 아주 좋다. 대신 크리스마스와 연말 분위기에 휩쓸리지 않도록 한다. 송년특집과 연예인들의 화려한 연말 시상식 채널 돌리기에 정신을 팔지 마라. 주제 파악과 분위기 파악은 필수!

새해를 맞아 흐트러진 마음을 다시 잡아야 한다. 특히 수학공부에 시간을 많이 할애해야 한다. 수능이 비록 멀리 있어도 중학교 때부터 수능식 스타일로 공부를 해야 한다.

한 해 영어 만점자가 대략 4,000명, 언어 만점자 50명, 수학 만점자 20명가량이다. 영어는 한 문제 차이로 등급이 달라지기도 한다. 그에 비하면 수학 1등급은 평균 60점이다. 얼마나 어렵고 힘든지 숫자만으로도 느낄 수 있다. 외고나 과고 등 특목고 지원을 할 경우가 아니라면 수학에 공을 많이 들여야 한다. 지금 공부하는 것이 고등학교 때의 실력과 점수로 나타나기 때문이다.

공부를 못하는 아이의 집에 가보면 보통 부모의 잔소리와 아이의 짜증 섞인 말투가 뒤섞여 나온다. 강압적인 분위기 때문에 아이 스스로 할 수 있는 일이 거의 없다. 아이의 학습을 방해하는 가장 큰 요인은 '엄마' 이다. 엄마와 아이가 함께 웃을 수 있는 학습 환경에 대해 알아보자.

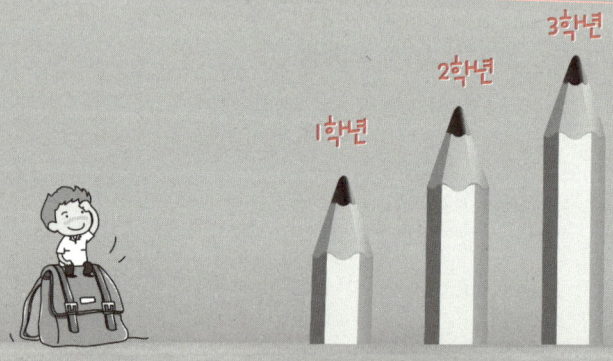

2장

우등생을 만드는 학습 환경

교과서 밖으로
나가라!

　　　　　　　　　아프리카 초원에 싱그러운 바람
이 살랑거린다. 새끼 사자들이 뒹굴며 장난을 치기도 하고 서로
물고 포효하기도 한다. 어미는 새끼들에게 종종 잡은 먹잇감을 산
채로 던져주기도 한다. 그들은 먹잇감을 장난감 삼아 앞발로 잡고
물었다가 놓치기도 한다. 이렇게 반복적인 놀이를 통해 어린 새끼
들은 살아가는 생존법을 배우게 된다.

　공부를 해야 하는 시기는 길다. 몇 달 벼락치기 공부로 승부가
나지 않는다. 공부는 좋은 머리로 이해만 하고 끝나는 게 아니다.
물론 초등학교 때는 가능하다. 중학교 때도 머리 하나만 믿고 아
슬아슬하게 버틸 수는 있다. 하지만 용케 중학교까지는 통해도 고
등학교에 가면 와르르 무너지고 만다. 어차피 해야 할 것이라면
피하지 말자!

피할 수 없으면 즐겨라! 공부에 관한 적나라한 명언을 방에 붙여보자. 생각보다 이 방법은 효과가 크다. 요즘 세대들의 생각이 노골적으로 반영된 급훈을 몇 개 소개해보면, "10분 더 공부하면 남편 직업이 바뀐다", "10분 더 공부하면 의사 신랑, 10분 졸면 노가다 신랑", "지금 질질 흘린 침은 내일 질질 흘릴 눈물이 된다" 등이 있다. 내용은 바람직하지 않더라도 자극제로서는 유용하다.

공부에 관한 리얼한 명언 모음

- 최선은 절대 나를 배반하지 않는다.
- 오늘 걷지 않으면 내일은 뛰어야 한다.
- 10분 더 공부하면 배우자 얼굴이 바뀐다.
- 눈이 감기는가? 그럼 미래를 향한 눈도 감긴다.
- 피할 수 없다면 즐겨라.
- 죽어라 열심히 공부해도 죽지 않는다.
- 승리는 가장 끈기 있는 사람에게로 돌아간다.
- 가장 위대한 일은 남들이 자고 있을 때 이루어진다.
- 잠을 자면 꿈을 꾸지만 공부를 하면 꿈을 이룬다.
- 포기하지 마라. 저 모퉁이만 돌면 희망이란 녀석이 기다리고 있을지 모른다.
- 공부할 때 고통은 잠시뿐이지만, 못 배운 고통은 평생 고생이다.
- 실패는 용서해도 포기는 용서하지 마라.
- 고통 없이 아무것도 얻을 수 없다.
- 공부에 끌려가지 말고 공부를 이겨버려라.
- 꿈이 바로 앞에 있는데, 왜 팔을 뻗지 않는가?
- 인간의 정신과 육체는 쓰면 쓸수록 강해진다. 아까워 마라.
- 시작했으면 끝을 봐라.
- '내가 왜 그때 공부를 열심히 했을까' 라고 후회하는 사람은 단 한 명도 없다.

📖 선생님을 사랑하거나, 과목을 사랑하거나

지금이야 남녀공학이 많지만 불과 10여 년 전까지만 해도 남녀가 구분된 학교가 대부분이었다. 필자의 학창 시절을 돌아보면, 유난히 총각 선생님이 많았던 것 같다. 지금 생각하면 꽃미남 F4까지는 아니었지만 사춘기 여학생들의 가슴을 설레게 하기에 충분했다.

필자는 인문계 성향이 강해서 이과쪽은 소 닭 보듯 했음에도 불구하고, 유일하게 오랜 시간을 붙잡고 있던 과목이 딱 하나 있었다. 바로 수학이다. 수학을 좋아했느냐고? 수학을 잘했느냐고? 천만에! 하지만 치명적인 유혹을 거부할 수 없었다. 바로 인기짱인 총각 수학선생님 때문이었다.

선생님에게 접근할 수 있는 방법은 질문이 유일했다. 질문 같은 질문을 찾아내기 위해 밤새 수학공부를 할 정도였다. 어려운 문제를 물어보면 괜히 폼이 날 것 같았다. 악착같이 공부한 다음 애매한 문제를 들고 선생님을 찾아가서 일석이조의 효과(?)를 보았다. 선생님을 좋아하니 수업시간에 집중도 더 잘되었다. 칭찬받을 만큼 공부를 했으니, 점수는 늘 환상적이었다. 고등학교에서도 우연인지 필연인지 총각 선생님 덕분에 전교 최고의 점수를 자랑하기까지 했다.

싫다고 생각하면 더 싫어진다. 선생님이 싫어도 그 과목까지 싫어하면 곤란하다. 남자학교에서는 말보다 매가 먼저 나가는 선생님이 유독 많다. 우리 아이 학교에도 일명 '개패'라는 선생님이 있다고 한다. 아이는 한 번 걸리면 거의 죽음이라며 치를 떤다.

우리는 날씨를 선택할 수 없다. 비가 오면 우산을 쓰면 되고, 햇빛이 쨍쨍하면 모자를 쓰면 되고, 황사가 오면 마스크 쓰면 된다. 오늘의 날씨를 보며 구시렁거리지 말자. 날씨에 맞게 옷을 입고 거기에 맞는 물건들을 챙기면 된다. 날씨 탓은 이제 그만! 선생님 탓도 이제 그만!

공부에 관심이 없다고? 그럼 일단 좋아하는 선생님의 과목부터 도전해보자. 그러다 보면 그 마음이 다른 과목에까지 전염될 수 있다. 일단 공부와 친구하자! 친하게 지내다 보면 성적도 쑥쑥 올라간다.

📖 다양한 콘텐츠로 흥미도, 점수도 쑥쑥

인터넷을 하거나 텔레비전을 보면 시간이 금방 간다. 어른들도 그런데 아이들이야 오죽하랴! '딱 1시간만 해야지' 하고 마음먹지만, 놀다 보면 마음대로 안 된다. 왜 그럴까? 재미있기 때문이다. 공부를 놀이라고 생각하면 '불행 끝, 행복 시작'이다.

초등학교 때 영어를 제대로 공부했다면 중학교 과정은 아무 문제가 없다. 가방 들고 동네 학원만 왔다 갔다 하는 일명 가방맨들은 중2부터 서서히 중심을 잃고, 중3 과정에서 아예 넘어진다. 영어 단어와 문장 외우기의 고통은 결국 영어를 '원수'로 만드는 지름길이다. 중학생인데도 영어 수준이 아직 꽝이고, 영어에 전혀 관심이 없는 경우라면 잔머리를 조금 써보는 것도 좋다.

부모가 영어에 관심이 없어도 거실이나 차 운전 중일 때 팝송을 들어보자. 이때 "팝송으로 영어공부 할래?"라고 말하지 말고, "내가 너만 할 때 무지 좋아했던 노래야"라는 정도로만 말한다. 그럼 귓가에 가사가 자연스럽게 들어간다. 물론 영어 가사보다는 음악의 아름다운 선율에 이끌리는 것이지만, 따라 부르고 싶은 생각이 슬슬 들기 시작할 것이다.

팝송으로 영어공부를 할 때는 일단 가사를 먼저 본다. 당연히 모르는 단어로 가득할 것이다. 인터넷 영한사전이나 전자사전의 '듣기' 기능을 이용해서 발음을 정확하게 여러 번 따라 해보고 모르는 단어를 살핀 후 전체 해석을 한다.

좋아하는 영화의 OST를 듣는 것도 좋은 방법이다. 따라 부르고픈 마음이 저절로 생기고, 누가 강요해서 한 것도 아니니 스트레스를 받을 일도 없다. 즐기는 영어는 스트레스 해소용으로 활용할 수 있어서 더욱 좋다.

중학생이 되면 개성도 더 뚜렷해진다. 관심 분야도 예전에 비해 다양하고 구체적이다. 특정 스포츠나 자동차, 음악, 영화, 특정 문학 장르 등 다양하다. 자신의 취향이나 관심 분야는 누가 강요하지 않아도 스스로 찾기 마련이다. 이러한 내용을 담는 원서나 영어 사이트, 청소년 영문 잡지와 영자신문을 활용해보자. 관심있는 콘텐츠는 학습에 대한 더 큰 동기유발과 자극을 준다.

📖 '참 잘했어요' 효과

영어 단어 혹은 수학 목표치를 완성했을 때 스스로에게 상을 주자. 가령 평소에 하지 못했던 게임이나 컴퓨터, 텔레비전 시청도 좋은 상이 된다. 스스로에게 상을 주면 학습 목표치를 달성하기가 훨씬 쉽다. 동기유발뿐만 아니라, 자신의 존재 가치를 확인시켜준다. 따라서 자신감도 커지고 자존감도 올라가는 효과를 얻을 수 있다.

친구들과의 경쟁 심리를 이용하여 학습효과를 높이는 방법도 있다. 보통 여자아이들은 잘 몰려다닌다. 화장실도 같이 가고, 떡볶이를 먹으러 우르르 몰려다니고, 공부도 같이 한다. 부모 입장에서 우리 아이의 단짝 친구가 어떤 아이인지 살펴볼 필요가 있다. 부디 수다를 떨거나, 놀자고만 유혹하는 친구가 아니길 바라면서…….

진짜 좋은 친구라면 힘든 학교생활 중에 서로 격려하고 위로가 되어줄 것이다. 단짝 친구끼리 소원 들어주기를 해보는 것은 어떨까? 물론 부모님과 해도 상관없다.

지혜와 혜련이는 단짝 친구이다. 필자는 이 아이들의 논술 선생이었다. 중학교에 들어가자 지혜와 혜련이는 또래문화에 빠져서 공부는 뒷전이고 놀기에 바빴다. 안되겠다 싶어 시험기간 동안 우리집을 아이들 공부방으로 만들었다.

먼저 공부할 과목과 범위, 시간을 정하고 그 시간 안에 각자 열심히 공부하도록 했다. 그다음 각자 시험 예상 문제를 15개씩 만들어 '골든벨 게임'을 했다. 퀴즈를 푸는 과정에서 오락가락하던 내용이 명확하게 정리되는 효과를 볼 수 있었다. 게임에서 진 사람은 이긴 사람의 작은 소원을 들어주었다. 떡볶이 내기든 아이스크림 내기든 간에……. 지기 싫어하는 아이들에게 효과 만점이다. 공부하고 집에 가는 길은 즐겁기 그지없다. 먹는 재미로 말이다. 이 방법으로 혜련이와 지혜는 놀이 친구에서 공부 단짝이 되었다.

이렇게 칭찬하라 Best 7

❶ 막연하게 하지 말고 잘한 점을 구체적으로 칭찬하라

"어제 사회 수행평가 한 걸 봤는데, 연도별로 잘 정리했더라"라는 식으로 칭찬 내용을 구체화해야 한다. 애매하게 말하면 자신이 무엇을 잘했는지 몰라 칭찬의 효과가 없다.

❷ 본인이 몰랐던 장점을 찾아 칭찬하라

남들이 다하는 칭찬을 당연시하고 있다면 아이가 모르는 점을 칭찬하라. 하지만 칭찬을 버릇처럼 해주면 자만해질 수 있으니 때와 장소를 가리는 것이 좋다.

❸ 성적이나 등수보다는 노력했음을 칭찬하라

성적표를 볼 때 등수나 석차로 칭찬하지 말고 얼마큼 노력했는지를 칭찬해야 한다. "지난번보다 더 열심히 공부했으니 결과에 신경 쓰지 말자"라는 식이 좋다.

❹ 마음에서 우러나오는 칭찬을 하라

가식적인 칭찬은 아이도 금방 알아차릴 수 있다. 억지로 칭찬거리를 만들려고 하지 말고, 진심으로 해야 한다.

❺ 다른 형제들이나 친구들 앞에서 칭찬하라

칭찬을 아껴두었다가 친구들이나 형제들 앞에서 칭찬하는 것은 좋지만, 절대 비교하지 마라.

❻ 자연스럽게 스킨십을 하면서 칭찬하라

어린아이인 경우에는 스킨십이 좋지만, 사춘기 아이들은 심하게 거부할 수도 있으니 어깨를 두드려주거나 눈을 마주치는 정도가 좋다.

❼ 바로바로 칭찬하라

모든 일에는 타이밍이 제일 중요하다. 과거의 일을 칭찬한다고 아이가 좋아할까? 칭찬은 바로 해주는 것이 가장 효과적이다.

📖 교과서 밖으로 나온 원리를 찾아라

불광불급(不狂不及)이라는 말이 있다. 미치지 않으면 이루지 못한다는 뜻이다. 아무리 열심히 노력해도 미쳐서 즐기는 사람을 이기지 못한다. 피할 수 없다면 미치도록 즐겨보자. 그리고 넓고 크게 보자. 내신 챙기기 공부만 하면 그만이라고? NO! 교과서에서 배운 원리를 일상생활과 연결시켜 응용해보자.

한나네 할아버지는 약수터에 가서 생수를 떠 오신다. 그래서 매일 페트병을 깨끗하게 씻어야 한다. 엄마가 안 계신 날, 한나는 설거지를 하면서 텅 비어 있는 페트병을 씻었다. 깨끗하게 소독하고 싶은 마음에 뜨거운 물을 부었고, 잠시 후 뚜껑을 열고 물을 버린 후 다시 뚜껑을 닫았다. 그런데 이게 웬일? 페트병이 찌그러져 버렸다. 왜 그럴까?

한나는 학교 과학시간에 분명히 공기의 압력에 대해 배웠다. 하지만 교과서와 문제집, 시험문제에만 나오는 것인 줄 알았지 일상생활에 적용될 줄은 몰랐다.

공기는 눈에 보이지 않지만 어디든지 있다. 당연히 페트병 속에도 있다. 뜨거운 물이 페트병 속의 공기를 데워주기 때문에 공기의 부피는 늘어나게 된다. 그래서 페트병 속에 있는 공기의 일부가 밖으로 나가게 된다. 그런데 뜨거운 물을 쏟아버리면 어떻게 될까? 온도가 내려가면서 페트병 속의 공기 부피가 줄어들고, 결국 페트병 속의 압력이 낮아진다. 그럼 페트병은 찌그러진 깡통

꼴이 된다. 빈 페트병이 본래의 모양을 그대로 유지하는 이유는 페트병 안과 밖의 공기 압력이 같기 때문이다.

이렇게 교과서 속 원리는 생활 곳곳에 퍼져 있다. 왜 문 손잡이는 가운데 있지 않고 왼쪽 끝에 있을까? 가운데 있으면 불편한 이유와 그 원리는 무엇일까? 이렇게 교과서의 내용과 관련해서 관심을 가져보자.

어떤 특정한 물건이나 사건과 연관시켜 공부하면 훨씬 오래 기억하고 이해도 쉽다. 문제집을 풀고 달달 암기만 하는 좁은 시야에서 벗어나 세상 보는 눈을 넓히자. 세상에 대해 호기심을 가지고 본다면 교과서 밖으로 나온 원리를 쉽게 찾을 수 있고 학습에도 큰 도움이 된다.

이미지 포트폴리오가 무예요?

공부 스타일 따라잡기 ❹

A 입학사정관제가 도입되면서 '이미지 포트폴리오'를 준비하는 학생들이 부쩍 늘고 있다. '이미지 포트폴리오'란 추천서나 자기소개서 외에 사진이나 그림, 관찰일지 등의 내 실적을 이미지로 보여주는 것이다. 예를 들어 문인들과의 만남을 사진으로 남기기, 체험학습을 통해 얻은 사실 정리, 각종 대회에 참여한 사진, 초등학교 때 참가한 웅변대회의 원고, 역사체험 일지 등 자신의 활동을 이미지로 표현하는 것이다. 꼭 대학 입학을 목적으로 하기보다는 자신을 기록한다는 생각으로 임하면 더욱 흥미로울 것이다.

2

시간 관리가 우선

📖 스스로 공부하는 시간을 늘려라

다음 계획표대로라면 소현이는 하루 종일 공부만 하게 될 것이다. 이렇게 공부만 한다면 잔소리할 부모가 어디 있겠는가? 하지만 자세히 보자. 문제는 어떤 교재로 얼마만큼 하는지 알 수도 없고 실천이 불가능한 계획표라는 점이다. 무조건 공부시간을 늘리려고 하지 말고, 낭비되는 시간을 줄이는 것이 우선이다.

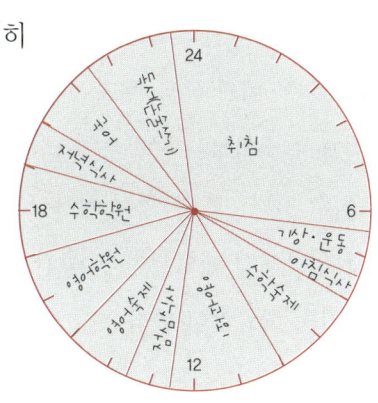

| 소현이의 방학계획표 |

우선 선택과 집중이 중요하다. 학원수업을 '공부'라고 생각하면 오산이다. 과외와 학교수업, 인터넷 강의, 교육방송 등은 모두 배우는 시간이다. 학원이나 과외를 받는 시간이 많아질수록 스스로 익혀 내 것으로 만드는 시간이 상대적으로 줄어들 수밖에 없다. 어떻게 해서든지 내 시간을 늘려야 한다. 이것이 바로 성공적인 시간 관리의 첫 번째 단계이다.

상위 0.1퍼센트인 서울대 입학생들의 데이터를 보면 쉽게 알 수 있다. 그들은 일반 학생보다 훨씬 더 많은 시간을 혼자 공부하는 데 보낸다. 방학 때 5~10시간 정도 공부하는 비율이 상위 0.1퍼센트 학생들의 경우 54퍼센트인데 비해, 보통 학생들은 24퍼센트 미만이다. 주말에 공부하는 비율도 상위 0.1퍼센트는 51퍼센트 정도에 이르는 데 반해, 보통 학생들은 7퍼센트에 그쳤다.

배우는 시간이 아닌 내 시간을 늘리는 데 집중하는 것이 시간 관리의 핵심이다. 계획표를 짤 때 특히 이점을 주의해야 한다. 물 좋은 그룹수업과 고액과외 선생님을 섭외하는 데만 집중해서는 안 된다. 비싼 돈을 주고 수업을 받았다는 것에 만족하지 말고 내 것으로 소화하는 시간을 충분히 확보해야 한다. 그래야 본전을 찾을 수 있다. 쉴 틈 없이 이어지는 학습 스케줄로 계획표를 만들었다면 낙제점 계획표이다. 중간중간 여유를 가지고 몸과 마음을 쉴 시간을 확보해야 한다.

📖 공부의 우선순위 정하기

민웅이는 큰맘을 먹고 공부하기로 결심했다. 그런데 주말 계획 표를 세우려고 보니 해야 할 일이 왜 이렇게 많은 것일까?

> 9시까지 늦잠자기, 게임 2시간, 교회 가기, 목욕탕 가기, 초등학교 친구들 만나 농구하기, 식사, 제일 좋아하는 텔레비전 프로 1개 보기, 과외, 주말반(정석) 수학 학원 가기, 공부하기……

일요일을 제대로 활용하려고 했지만, 시간이 턱없이 부족하다. "아! 시간만 많으면 다할 수 있을 텐데" 하고 아쉬울 뿐이다. 그런데 시간 부족을 탓하기 전에 할 일이 있다. 일단 공부부터 시작하고 노는 시스템을 만들어야 한다. 쓸 것 다 쓰고 돈 모으기가 어렵듯, 놀 것 다 놀고 공부 잘하기 어렵다. 위와 같은 주말 계획표라면 노는 것도 다 못한다. 공부가 항상 우선순위라는 사실을 명심하자.

● 공부하고 노는 시스템

이제 공부부터 하기로 굳게 마음을 먹는다. 영어, 수학, 국어, 과학, 사회 등 해야 할 공부가 너무 많다. 그뿐인가? 영어 하나만 해도 리딩, 리스닝, 어휘, 문법까지 두루 해야 한다. 자, 어디서부터 시작해야 할까?

시험기간이 되면 더 난감해진다. 시험공부도 해야 하고, 수행평가도 준비해야 한다. 중요 과목에 집중할 것인지, 점수를 팍팍 올리는 암기과목에 치중할지 결정해야 한다. 30점 만점 수행평가(기본 점수 20점 정도 되는)에 너무 많은 시간을 투자하는 것은 우선순위에 위배되는 어리석은 일이다. 소(小)를 위해 대(大)를 잃을 수는 없다.

특목고를 준비한다면 희망 학교의 입시전형 기준에 맞춰 준비하는 일이 우선이다. 하지만 일반고가 목표라면 비주요 과목에 올인하지 말고, 주요 과목을 꼼꼼하게 공부하는 것이 실력을 쌓는 좋은 방법이다. 중요도가 앞서는 공부부터 시작하자. 특히 국영수는 제일 중요한 만큼 탄탄한 실력을 만들기까지 오랜 시간과 노력이 필요하다. 영어 실력이 잘 다져 있다면 수학공부를 우선순위로 해보자.

공부의 우선순위를 정한 다음 학습 계획을 세운 후에 실천해야 한다. 그래야 시간 낭비를 막을 수 있다. 이때 학습 플래너를 사용하면 효과가 좋다. 항상 곁에 두고 익숙해질 때까지 시간 체크를 해보자. 먼저 우선순위에 맞게 과목을 배분하고 학습량도 꼭 적는다. 공부하는 시간 동안의 몰입도는 중요한 점검사항이다.

"시간이 곧 돈이다"라는 말이 있다. 학생에게는 "시간이 곧 실력"이다. 무슨 일이든 정해진 시간 안에 마치는 습관을 갖도록 하자. 계획만 신나게 세우지 말고, 제대로 실천했는지 확인하고 점검하는 게 훨씬 더 중요하다. 지하철을 탔는데 연예인 뺨치게 샤

방샤방한 사람이 앉아 있다면 기분이 어떨까? 휴대전화 문자 메시지를 보내고 있든 DMB로 텔레비전을 보든 계속 신경이 쓰일 테고 곁눈질도 하고 싶을 것이다. 공부의 우선순위도 이렇게 계속 신경을 쓰고 있어야 한다.

📖 리모컨만 돌리다가는 인생도 이리저리 휘청휘청

소현이는 다음 주부터 시험기간이다. 이번 주말에는 정말 열심히 공부해야 한다. 부모님은 친척 결혼식에 가셨다. 점심 먹고 소화시킬 겸 잠깐 텔레비전을 켰는데 좋아하는 버라이어티 프로그램이 떴다.

"앗싸! 이것만 보고 공부해야지."

소현이는 소파에 누워 과자 한 봉지를 다 먹으며 곧 텔레비전에 빠져버렸다. 리모컨으로 채널을 여기저기 돌리다 보니 시간 가는 줄 몰랐다. 일주일 동안 공부하랴, 학원 가랴, 숙제하랴, 파김치가 되었다가 이제야 살 것 같다.

딩동! 엄마가 돌아왔다. 현관문이 열리면서 리모컨 놀이는 끝이 난다. 소현이는 후다닥 방으로 들어가 책을 펴고 공부하는 척을 한다.

소현이에게 좋은 성적을 기대할 수 있을까? 중학교 시절을 이렇게 생각 없이 보내면 어떻게 될까? 뒤늦게 인생에 비상벨이 울릴 수 있다. 그때 가서 "아차!" 하고 깨달아도 아무 소용이 없다.

리모컨을 당장 반납하지 않으면 인생의 성공을 반납해야 할지도 모른다. 그럼 대가가 너무 크지 않을까? 한눈파는 시간이 길어지지 않도록 슬기롭게 대처해야 할 때이다.

📖 시간 좀도둑, 문자 놀이

여기는 도서관! 시험기간 때문인지 학생들로 가득하다. 천아는 수학공부를 시작한 지 얼마 되지 않았다. 드르르르…… 민지의 문자이다. "뭐하삼?" 그때부터 민지와의 문자 놀이가 시작되었다. 수학문제를 풀다 문자 놀이에 빠져 여러 번 맥이 끊겨져 처음부터 다시 봐야 했다. 그래도 문자 놀이는 언제나 재미있다. 혼자 있어도 늘 친구들과 함께 있는 것 같아 안심이 된다. 즐거운 표정을 지으며 시간을 보니, 으악! 벌써 시간이 저렇게 됐다니!

아이들은 휴대전화가 없으면 불안증세를 보인다. 혹시나 해서 메시지 보관함을 또 열어본다. 열어본 지 5분도 안 됐는데…….

부모 입장에서는 휴대전화를 못 쓰게 하고 싶다. 당장이라도 확 빼앗아버리고 싶다. 하지만 그렇게 되면 그놈의 사춘기 반항과 후유증을 감당하기가 어렵다.

빼앗고 싶은 마음 굴뚝같지만 꾹 참고 아이와 타협을 해야 한다. 둘 다 이기는 방법에 대해서 대화를 해보자. 예를 들어 한 과목 공부가 끝나고 나서 사용한다든지 시간을 정해 사용하도록 한다. 물론 아이의 통화내역과 메시지는 절대 확인하지 않는다. 사생활은 인정해준다는 뜻이다.

휴대전화 사용 금지 기간을 타협해서 정하는 것은 어떨까? 어떤 경우든 공부에 방해가 되는 것은 분명하다. 하지만 무작정 반대하지 말고 타협과 협상을 하자.

중학생 시간관리 6계명

❶ 시간은 한정되어 있다. 해야 할 일, 버려야 할 일, 제3자에게 맡겨도 되는 일을 구별하라.

❷ 집중이 가장 잘 되는 시간대에 가장 중요한 공부를 한다. 이 시간은 어떤 상황에서도 꼭 지켜라.

❸ 시간이 오래 걸리는 일이라면 목표를 쪼개서 하루 분량으로 환산시켜라.

❹ 일의 진행상태와 시간을 수시로 점검한다. 더불어 의욕만 앞선 과도한 계획은 금물이다. 일을 마무리하지 못했을 때를 대비해 예비시간을 확보한다. 일을 끝냈을 때는 달콤한 시간으로 보상을 받고, 일을 마무리하지 못했다면 만회할 시간을 갖는다.

❺ 외부의 사소한 일로 나의 우선 과제와 계획을 미루지 않도록 한다. 사소한 부탁이나 정 때문에 좌지우지하면 나의 계획은 물 건너간다.

❻ 수학공식이나 단어장을 항상 가지고 다녀라. 기다리는 시간이나 자투리 시간을 활용해 암기를 한다.

📖 자투리 시간은 금싸라기

시간 관리를 할 때는 항상 균형감각을 유지해야 한다. 일을 미루는 것도 곤란하고 사소한 일에 너무 집착해서도 안 된다. 심리학자 린다 새퍼딘은 일을 미루는 유형을 다음과 같이 분석했다.

첫째, 꿈만 꾸는 '몽상가' 이다. 큰 목표는 있지만 그 목표를 구체적인 계획으로 실천하지 못하는 사람이다. 둘째, '걱정 많은 사람' 이다. 그는 걱정을 한 짐 지고 비틀거리다가 최악의 시나리오에만 빠져 해결책이 전무하다. 셋째, '반항적인 사람' 이다. 새로운 과제의 문제점만 떠들 확률이 높은 사람이다. 넷째, '무리하게 일하는 사람' 이다. 그는 거절을 하지 못해 일을 떠맡고, 우선순위를 무시하면서 계속 다른 일을 만든다. 네 가지 유형 중에 자신이 어디에 속하는지 파악하면 시간 관리에 도움이 될 것이다.

한 달의 소중함을 알고 싶으면 쉴 새 없이 돌아가는 월간 잡지 편집장에게 물어보라. 1분의 소중함을 알고 싶으면 기차를 놓친 사람을 생각해보자. 1분이 얼마나 소중한 시간인지 알게 된다. 1초의 소중함을 알고 싶으면 간신히 교통사고를 모면한 사람을 기억하자. 그 순간이 운명을 가를 수도 있다는 사실을 알게 된다. 0.01초의 소중함을 알고 싶다면 올림픽에서 아쉽게 은메달을 딴 사람의 마음을 생각해보자. 이렇듯 우리가 가볍게 흘려보낸 시간은 누군가에게는 무척이나 소중한 시간이다.

자투리 시간을 아끼자. 6교시까지 쉬는 시간 10분과 점심시간의 휴식시간을 합치면 거의 2시간 가까이 된다. 그까짓 10분이라고 우습게 생각했던 시간도 모으면 귀한 시간이 된다. 티끌 모아 태산이다. 단어 몇 개라도 외우고 한 문제라도 더 풀면 남들의 24시간을 25시간, 26시간으로도 만들 수 있다.

공부를 하려고 마음먹었다면 일단 낭비하는 시간을 줄이는 것이 급선무이다. 예를 들어 등하굣길에 영어 문장을 3개씩만 외워도 1년이면 1,000문장이 된다. 이것만으로도 영어공부의 절반은 성공한 셈이다. 시간만 붙잡고 있는 것보다 집중해서 효율성을 높이는 것이 훨씬 더 중요하다.

한편 2시간이면 끝낼 수 있는 노트 정리를 4시간이나 들여 누가 보더라도 예쁘게 정리할 필요가 있을까? 우선 그 일이 시간을 두 배로 들일 가치가 있는지 생각해보자. 알록달록 색깔 있는 글씨체로 노트 꾸미기에 열을 올릴 필요가 있을까? 사소한 일에 최고의 스트라디바리우스(명기로 손꼽히는 바이올린)를 만들듯 공들일 필요는 없다.

엄마가 자꾸 책상에만 앉아 있으래요.

공부 스타일
따라잡기 ❺

A 하루 종일 공부를 해도 성적이 오르지 않는다는 학생이 있다. 머리가 나빠서일까? 아니다. 진짜 공부하는 시간을 체크해보자. 몸은 책상에, 머리는 딴생각으로 가득 차 있다면 진짜 공부가 아니다. 딴생각 없이 집중하는 시간만을 체크해보자. 집중하는 시간을 5분에서 10분, 10분에서 20분으로 조금씩 늘려보자. 집중력은 최소 시간으로 최대 효과를 누리는 천재들의 비법이다. 오늘 하루, 오로지 공부에만 집중한 시간은 얼마나 될까? 단 한 번이라도 시도해보자. 지금까지 얼마나 비효율적인 공부를 했는지 단박에 깨닫게 될 것이다.

3

반쪽짜리
자기주도적 학습

📖 자기주도적 학습 vs 학원주도적 학습

성재가 집에서 어슬렁거리는 꼴을 보면 엄마는 답답하기만 하다. 그래서 이참에 학원을 하나 더 보낼까 고민중이다. 학원에 가면 어찌되었든 공부를 할 것이 아닌가! 하다못해 단어 한 개라도 더 외울 것이 아닌가? 엄마는 조금만 틈이 나도 게임을 하거나 소파에서 뒹구는 아들에게 소리를 지른 것이 마음에 걸린다. 그래서 간식을 챙겨 아이 방으로 가면, 휴~ 벌써 팔자 좋게 침대에서 자고 있다.

성재네는 얼마 전에 이사를 와서 아직 학원 스케줄을 다 정하지 못했다. 덕분에 일요일에 공부한 시간이 1시간 정도나 될까? 엄마는 긴 한숨만 나온다. 내일은 어떻게 해서든지 학원 세팅을 끝내리라 마음먹는다. 학원만 간다면 적어도 시간을 낭비할 일은 없으리라 굳게 믿는다.

성재를 학원에 보낼 생각만 해도 엄마는 기분이 좋다. 어느새 학원 스케줄을 완벽하게 마무리한 엄마는 학원이 좀 먼 게 마음에 걸리지만, 초롱초롱한 눈빛으로 공부하고 있을 아들 생각에 기쁘기만 하다.

정말 그럴까? 학원 왔다 갔다 하느라 낭비하는 시간은 왜 생각하지 못하는 것일까? 학원 가기 전후로 간식을 챙겨 먹느라고 시간이 흘러가고, 수업시간은 또 어떤가! 성재는 어제 게임을 레벨업 시키느라 평소보다 늦게 잤다. 수업 시작 10분째, 해롱해롱 쿨쿨~ 성재의 눈이 자꾸만 감긴다. 아무리 뜨려고 해도 한없이 무겁기만 하다. 학원수업이 끝나면 친구와 편의점에서 컵라면을 사먹고 게임 이야기를 하면서 귀가한다.

성재 엄마는 정말 모르는 것일까? 아니면 모른 척하고 싶은 것일까? 학원에만 간다고 무조건 공부를 하는 것은 아니다. 일단 학원에 대한 환상을 깨자! 현실을 그대로 보자. 혹자는 말한다. "웃기지 마라. 학원 안 가고 특목고에 갔다는 말은 모두 거짓말이다. 좋은 학원이 많이 있는 곳으로 어떻게든 가야 한다. 목동이든, 대치동이든 들어가야 한다"고 말한다.

하지만 잠깐! 엄마들은 중요한 것을 잊고 있다. 그곳 아이들의 학습량이 어느 정도인지 잘 모르고 있다. 그들은 다른 지역 학생들에 비해 엄청난 양의 시간을 공부에 투자한다. 그 시간만큼 공부하면 인강을 듣든 학원을 가든 과외를 하든 다 잘하게 되어 있다. 어디에 있든지 자신의 자리에서 더 많이 노력하면 얼마든지 가능하다.

한편 수아는 학원 때문에 공부할 시간이 턱없이 모자란다. 그래서 결심했다. 학원 친구들과 몰려다니며 놀지 않고, 학원 가방만 들고 왔다 갔다 하는 것을 졸업하기로 말이다.

수아 엄마는 지지부진한 수아의 성적이 마음에 걸렸지만, 결국 학원수업을 그만두는 것에 동의했다. 재등록 기간이 되었을 때 학원 선생님은 학부모 상담을 요청했다. 학원을 그만둘 거라고 말했더니, 바로 할리우드 액션을 취하고 나왔다.

"어머니, 조금만 더하면 심화반으로 들어갈 수 있는데 지금 그만두면 안 돼요. 심화반에 들어가야 진짜 제대로 된 공부를 해요. 연계해서 듣지 않으면 지금까지 한 거 아무 소용없어요."

수아 엄마는 선생님의 말에 다시 중심이 흔들린다. 왠지 불안하기도 하다. 학원 주도적 학습을 포기하자니 찜찜하고……

부모들은 대개 '아이 혼자 잘할까?'라는 걱정과 '돈 주고 학원에 갔으면 더 공부를 열심히 할 거야'라는 환상 때문에 학원을 끊기가 쉽지 않다. 학원에 가면 엄마 눈에 딴짓하는 게 보이지 않을 뿐인데, 그래도 흔들리는 게 부모 마음이다. 그러나 명심하자. 집에서 딴짓하면 학원에서도 마찬가지라는 사실을.

📖 스스로 공부하기 위해 해야 할 4가지

불안한 마음을 억누르고 학원만 그만두면 해결이 될까? 자기주도적으로 공부하는 습관이 없는데 하루아침에 변하리라 기대하면 오산이다. 차근차근 스스로 공부하는 힘을 길러야 한다.

많은 사람들이 "그래, 공부는 스스로 하는 거야. 때가 되면 저절로 공부하겠지"라고 착각을 한다. 이런 생각은 수영에 대한 이론만 말해주고 "자, 이제 한강을 건너가봐"라고 말하는 것과 똑같다. 그 사람은 아마 강물에 들어가자마자 허우적거리다가 빠져 죽고 말 것이다. 스스로 자기주도적 습관이 들 때까지는 반드시 부모의 도움이 필요하다. 목표설정과 계획을 세운 다음 실행하고, 결과를 평가하고 전략 수정을 익숙하게 할 때까지 코치해야 한다.

자기주도적 학습을 하려면 기본 바탕이 필요하다. 스스로 동기부여를 해야 하고, 기본적인 학습법도 알아야 한다. 효과적인 시간 관리법을 자기 것으로 만들고 다양한 경험을 위한 폭넓은 독서도 잊지 말자.

1 자기에게 맞는 학습법 익히기

"천재는 99퍼센트의 노력과 1퍼센트의 영감으로 이루어진다"라는 에디슨의 말을 떠올려보자. 우등생과 열등생의 차이는 지능이 아니라 노력의 차이다. 노력 없이 능력만으로 얻을 수 없다. 자신에게 맞는 효과적인 학습법은 충분히 배울 만한 가치가 있다.

올림픽에 우리나라 선수들이 나오면 죽어라 응원을 하지만, 정작 스포츠 규칙을 잘 모르면 답답하다. 규칙을 안다면 우리나라 선수가 이기는 것 이상의 즐거움을 맛볼 수 있었을 텐데……. 공부에서도 '자기에게 맞는 학습법'을 알아야 재미도 있고 실력도 늘어난다.

2 시간 관리하기

공부를 할 때는 계획과 평가를 중점적으로 체크하되, 5분 이내에 모든 것을 끝내야 한다. 다이어리나 플래너를 꾸미는 데 시간을 낭비하지 말자.

하루에 평균 3시간 이상 혼자서 공부를 해야 한다. 이 시간을 확보하지 못한다면 학원이고 과외고 생각하지 마라. '공부하는 시간'이란 학원, 학교, 과외, 인강을 듣는 시간이 아니다. 아무도 없이 오로지 혼자 공부하여 자기 것으로 소화하는 시간이다.

3 구체적인 꿈 키우기

대부분 학생들이 싫어하는 과목은 공부를 안 한다. 하지만 자기주도적 학습을 하는 학생은 자신의 꿈을 이루기 위해 그 공부가 얼마나 중요한지 스스로 거듭 확인한다. 따라서 싫다고 내팽개치는 일이 거의 없다. 싫더라도 꼭 참고 정복하고자 하는 열정이 있다.

어디 그뿐이랴! 놀고 싶고, 자고 싶고, 딴짓하고 싶고, 딴생각하고 싶은 것을 참을 수 있어야 한다. 공부하는 척 엄마와 선생님을 속이는 것은 의외로 간단한 일이지만, 언젠가 폼만 잡았다는 사실을 알고 스스로 후회할 날이 올 것이다. 이렇게 참을 수 있는 힘은 바로 구체적인 꿈, 눈앞의 목표를 이루고야 말겠다는 오기에서 나온다. 이것이 꿈과 목표가 있어야 하는 절대적인 이유이다.

꿈과 관련된 것들을 자주 경험해보자. 눈으로 보고 귀로 듣자. 이런 경험들은 꿈을 구체화시킬 뿐만 아니라 더 크게 키워준다. 또 수시로 꿈을 상기시키는 데도 효과적이다.

4 계획 실천하기

이제 공부에 몰두해 계획을 실천할 차례이다. 시간을 보니 벌써 몇 시간 동안 공부를 했다. 책을 덮을 때면 뿌듯함이 밀려오면서 머릿속이 찰랑찰랑할 정도로 지식이 가득한 것 같다. 과연 그럴까?

막상 시험지를 받으면 분명히 공부한 내용인데도 답이 떠오르지 않는다. 한 번 훑어보고 제대로 공부했는지 확인하는 과정이 빠졌기 때문이다. 스스로 공부한 것을 설명하면서 머릿속 서랍에 차근차근 넣었는지 확인을 해야 한다. 이런 확인 작업을 통해 한 번 더 공부해야 '시험 효과'가 생긴다.

나는 꿈이 없어요!

공부 스타일
따라잡기 ❻

A 꿈이 뭐냐고 질문했을 때 자신의 진로를 소신 있게 대답할 수 있는 학생이 과연 몇 명이나 될까? 조사 결과, 60퍼센트는 사회적으로 안정된 직업(교사, 공무원 등)을, 30퍼센트는 고민 중이라고 대답했으며, 10퍼센트만이 구체적으로 자신의 꿈에 대해 언급했다.

그러나 판에 박힌 교육을 받으며 입시라는 올가미에 걸려 있는 학생들이 꿈을 꿀 시간이나 있을까? 꿈은 강요로 되는 것이 아니다. 적성, 관심, 흥미가 삼위일체 되어야 꿈으로 탄생된다. 그 역량과 잠재력을 이끌어내야 하는 사람이 바로 부모이다. "넌 꿈도 없느냐" 하고 타박하기 전에 사춘기라는 치열한 터널을 지나고 있는 자녀에게 '꿈'의 가능성을 심어주자.

| 자기주도적 학습 다이어리 |

월일	학습 목표 세우기	일일계획 만들기	일일계획 실천하기	복습	시연	평가 (상중하)	주간 학습 계획 세우기
7/25~8/3	영어 단어장 끝내기	하루 30개	○	○	○	중	누적된 단어 확인, 매주 토요일 test
7/28~8/31	수학문제집 끝내기	하루 5장	○	○	○	중	일주일에 한 단원씩 끝내기 2주 2회에 한 단원씩 끝내기

4

공부는
체력이다

　　　　　　　　　　　　　과거에 비해 갈수록 공부의 양도
많아지고 선행 시기도 빨라지고 있다. 중학생뿐만 아니라 초등학
교 고학년만 되어도 사실상 대입 전쟁터에 뛰어든 셈이나 마찬가
지다. 살인적인 학원 숙제들을 보면 기가 막혀 입이 벌어질 정도
이다. 학원들은 도대체 무슨 생각으로 그런 숙제들을 내는 것일
까? 살아남는 자만이 승리한다는 생존법칙은 초등학교 학원에서
도 흔히 볼 수 있는 교육방침이다.

　필자는 초등학교 때부터 대학 때까지 학교 릴레이 선수를 했
다. 사실 달리기를 잘한 것은 아니었다. 한번 릴레이 선수가 된 후
자동 갱신이 되었을 뿐이다. 또 잘하지도 못하면서 계속했던 것은
어린 치기에 우쭐거리고 싶은 마음에서였다.

　그런데 장거리인 800미터 달리기에서는 매번 처참하게 무너지

기 일쑤였다. 기본 체력이 약했기 때문에 골인점에 들어오자마자 그대로 쓰러지곤 했다. 급기야 고3 때부터는 내 집 드나들듯 응급실에 실려 가곤 했다. 당시 남자 선생님 중에 필자를 업고 응급실로 안 뛰어본 분이 없을 정도였다. 아무리 독하게 공부하려고 해도 체력이 버티지 못했다. 욕심은 많은데 몸이 따라주지 않아서 결국 원하는 대학에 갈 수 없었다.

대학 입시라는 골인점을 향해 달려가는 길은 그리 호락호락하지 않다. 시간이 길어질수록 온갖 변수들이 사방에 널려 있다. 대학 입시는 100미터 달리기가 아니다. 초등학교 때는 문제집 5권 이상을 죽자고 풀면 올백을 맞고 우쭐댈 수 있다. 하지만 이것은 100미터 달리기에서 1등 했다고 폼 잡는 것과 마찬가지다. 한방에 힘쓰고 끝나버리기 때문이다. 대학 입시라는 기나긴 레이스는 기본체력과 정신력이 받쳐주지 못하면 끝까지 버티기 힘들다.

📖 과학적인 잠자기

사람은 생애 3분의 1을 잠으로 보낸다. 아이들은 공부할 시간이 부족하면 잠자는 시간부터 줄이기 시작한다. 시험기간이 되면 밤샘 공부를 하기도 한다. 물론 사람에 따라 7시간을 자고도 해롱해롱거리는가 하면, 5시간만 자도 끄떡없는 강철 체력도 있다. 그래서 고등학교는 체력전이란 말도 있다. 체력이 받쳐주지 않으면 꽝이기 때문이다.

과도한 학습량으로 수면 부족을 호소하는 학생들이 많다. 잠이란 무조건 무찔러야 할 악의 축일까? 잠을 자는 일은 결코 시간 낭비가 아니다. 잠자는 동안에는 성장기에 필요한 호르몬이 나오고 내일을 준비하는 힘이 되기도 한다.

잠에는 렘(REM)수면과 논렘(Non-REM)수면이 있다. 꿈을 꾸는 수면상태인 렘수면은 뇌에 들어 있는 정보를 정리하고 기억하는 중요한 역할을 한다. 정리 정돈을 하지 않고 바쁘다고 한쪽으로 밀어놓거나 대충 아무 곳에나 던져두면 어떻게 될까? 공부했던 것들을 제대로 저장할 수도 없고 기억에서 금세 사라져버릴 것이다. 그러니 잠을 제대로 자야 기억력도 좋아지고 집중도 훨씬 잘 된다.

한 번의 수면주기는 1시간 30분이 걸린다. 이 수면 주기에 맞춰 일어나면 조금만 자도 깊은 잠을 잘 수 있다. 그러니까 4시간 반, 6시간, 7시간 반에 맞춰 일어나보자.

낮잠을 잘 이용하면 공부체력을 끌어올릴 수 있다. 아침에 일어난 뒤 8시간 정도 지나면 졸음이 온다. 그 시간에 15분 정도 낮잠을 자면 밤에 자는 것과 똑같은 효과를 볼 수 있다. 단, 오후 4~6시 사이의 잠은 수면주기를 심하게 손상시킨다고 한다. 낮잠은 30분 이상 자지 않는 것이 좋다.

📖 아침밥이 집중력을 키운다

아침을 안 먹는 청소년들이 많다. 밥맛이 없거나, 부족한 잠을 자느라 시간을 써버리기 때문이다. 하지만 뇌는 오전에 가장 활발하게 활동한다. 그런데 아침식사를 하지 않으면 어떻게 될까? 활발하게 활동해야 할 뇌에 영양분이 제대로 공급되지 못하니 집중력이 약해질 수밖에 없다.

아침을 거르면 또 다른 나쁜 식습관이 생긴다. 아침을 먹지 않았으니 점심을 급하게 먹거나 과식을 하게 된다. 쉬는 시간이 되면 매점으로 달려가 정체불명의 인스턴트 햄버거나 싸구려 밀가루 음식으로 배고픔을 달랜다. 문제는 아이들이 패스트푸드를 갈수록 많이 먹는다는 사실이다. 요즘 들어 학교에서 청량음료 자판기를 없애기 시작했다니 그나마 반가운 소식이지만…….

한 조각에 500Kcal가 넘은 피자 한두 조각에 콜라까지 마시면 1000Kcal을 가볍게 넘긴다. 가벼운 간식 정도로 먹는 음식이 하루 평균 칼로리의 반을 차지하게 된다. 패스트푸드의 높은 칼로리는 결국 비만으로 이어지고, 칼슘, 철분, 비타민A 같은 영양소는 부족해진다.

엄마들이 조금만 부지런하면 해결책은 의외로 간단하다. 바나나와 꿀을 갈아 만든 바나나 우유, 요구르트에 딸기를 넣은 딸기 주스, 바나나에 나무젓가락을 꽂아 얼린 과일바, 잡곡으로 만든 누룽지 등의 웰빙 간식들은 만들기도 쉽고 영양도 만점이다.

학원 시간에 쫓겨 편의점에서 끼니를 때우는 아이들이 갈수록 늘고 있다. 엄마의 정성이 담긴 간식과 따뜻한 아침밥으로 사랑을 느끼도록 해주자.

📖 운동하고 수행평가 챙기고

공부해야 하는데 운동할 시간이 어디 있느냐고? 하지만 장기간 공부를 하기 위해 운동은 반드시 필요하다. 근력이 향상되면 피로 회복도 빨라지고 스트레스도 덜 쌓인다. 비싼 홍삼을 주문하기에 앞서 하루 20~30분씩이라도 규칙적으로 운동을 하자. 아침마다 우유를 마시는 사람보다 우유 배달부가 더 건강하다는 말도 있다.

하지만 수학문제 하나 풀 시간은 있어도 정작 운동할 시간은 없다. 시간이 진짜 없는 게 아니라 심리적으로 없다는 뜻이다. 특히 체력이 약한 학생이나 움직이는 것을 싫어하는 비만 학생이라면 부모와 함께 운동을 해보자. 새벽운동도 좋고, 졸려서 집중이 안 되는 저녁 시간대도 좋다. 어차피 책상에 앉아 있어봐야 집중력은 계속 떨어질 것이고, 집중력이 떨어지면 공부도 잘 안 된다. 하지만 땀을 쏙 빼고 나면 집중도 훨씬 더 잘 된다.

특목고를 준비한다면 더욱더 목숨 걸고 운동시간을 확보하라. 특목고 준비에 유난을 떤다고 생각하지 말자. 특목고에 붙든 말든 준비를 하는 순간부터 아이들은 스트레스로 고통을 받는다. 얼마나 많이 공부를 하느냐 마느냐가 기준이 아니다. 공부를 잘하든 못하든 시험기간이 되면 모두가 스트레스를 받는 법이다.

● 수행평가 일석이조

운동은 몸을 튼튼하게 하는 것은 물론이고 수행평가까지 대비할 수 있어 일석이조의 효과를 얻을 수 있다. 사실 중학교에서는 운동을 못해 수행평가에서 점수를 깎일 염려는 하지 않아도 된다. 중학교 체육 수행평가는 줄넘기로 2단 뛰기, 국민체조 순서대로 외워서 하기, 운동경기의 규칙 등을 테스트하는 경우가 많다. 운동 잘하는 아이가 체육도 잘할 것 같지만, 수행평가 점수를 보면 꼭 그런 것도 아니다. 이런 학생들은 순서를 무시하고 자기 마음대로 해버린다. 결과는 뻔하다. 그런데 수행평가 점수를 잘 받는 학생들은 선생님이 시키는 대로 정확하게 동작을 취한다.

학기 초가 되면 어떤 수행평가를 어떻게 할지 미리 알려준다. 체육 수행평가는 시간을 두고 연습을 해야 하는 경우가 있다. 예를 들면 '줄넘기로 2단 뛰기'는 한두 번 연습만으로는 안 된다. 이럴 때는 운동하는 시간을 이용해서 날마다 꾸준히 준비를 한다. 그 밖에 농구 드리블이나 배구 언더핸드 서비스와 플로터 서비스, 멀리뛰기도 있다.

간혹 급한 마음에 체육과외를 받는 학생들도 있다. 하지만 점수보다 더 중요한 게 있다. 운동시간을 이용해서 수행평가 준비를 꾸준히 하면 점수로 환산할 수 없는 성취감과 자신감을 얻을 수 있다.

운동을 통해 수행평가를 차분하게 준비하거나 체력을 기르고 스트레스를 날려버리자. 최소 일주일에 세 번 이상, 한 번 할 때 30분 이상 땀이 날 정도로 하는 것을 잊지 말자.

집중력을 높이는 방법 좀 알려주세요.

공부 스타일
따라잡기 ❼

A 무슨 일을 하든지 집중력이 필요하지만, 특히 수험생들에게 '집중력'은 꼭 필요한 능력이다. 일단 공부를 하려면 머리를 써야 하는데 이때 뇌의 산소가 많이 소모된다. 그러니 장시간 꼼짝하지 않고 공부를 하면 뇌에 부담이 되기 때문에 1시간에 한 번씩 일어나서 올바른 호흡을 동반한 체조를 하는 것이 좋다. 또한 공부하기 전에 주변을 정리하거나 집중력이 떨어질 때 소리 내서 책을 읽는 것도 큰 도움이 된다. 유독 집중력이 떨어진다면 다른 과목으로 바꿔서 공부하거나 템포가 느린 음악을 듣는 것도 효과적이다.

뇌세포 구성을 돕는 검정 참깨죽이나 건망증에 효과적인 당귀차, 뇌파를 자극해주는 오미자차, 혈액순환에 도움이 되는 홍화씨 달인 물도 수험생을 위한 좋은 음식이다. 늦은 밤 야식은 가급적 피하자. 숙면에 전혀 도움이 되지 않는다. 또 아침밥을 거르면 밤에 식욕을 촉진하는 호르몬이 과다하게 분비되어 폭식을 하게 된다. 아침밥은 꼭 챙겨 먹자.

부모들은 학원을 보냈으니 선행으로 한 번 공부하고, 학교수 업을 하면서 두 번 공부하고, 시험공부를 하니 세 번 공부할 거라고 안이하게 생각한다. 하지만 현실은 다르다. 열 번 배워도 자기 것으로 소화하지 못하면 성적은 늘 제자리걸음이다.

3장

상위 5퍼센트로
가는 학습법

1

선생님 스타일을 알면
성적이 보인다

　　　　　　　　　　学원에 다니는 아이들은 일반적
으로 학원 숙제와 학원수업을 최우선으로 한다. 살인적인 양의 과
제를 내주는 일부 학원의 경우, 도대체 아이들이 학원수업을 받는
건지 숙제검사를 받으러 다니는지 모를 지경이다. 실력이 부족한
데 운 좋게 턱걸이로 레벨테스트를 통과했다면 숙제와의 눈물 나
는 전쟁을 준비해야 할 것이다.

📖 다 안다고 착각하지 마라

　학교 자습시간이나 쉬는 시간에 학원 숙제를 하는 것은 그나마
다행이다. 중요 과목이 아니거나 느슨한(?) 선생님이 담당하는 수
업시간에 학원 숙제로 시간을 때우기 일쑤고, 가끔은 답지를 베끼

기도 한다. 또 늦은 밤까지 숙제를 하느라 부족해진 잠을 수업시간에 보충하는 아이들도 있다.

부모들은 아이가 학원에 갔으니 선행으로 한 번 공부하고, 학교수업을 하면서 두 번 공부하고, 시험공부를 하면서 세 번 공부할 거라고 안이하게 생각한다. 하지만 현실은 다르다. 아이들은 학원에서 선행학습으로 미리 배웠다는 이유로 자만한다. 잘 알지도 못하면서 다 안다고 착각한다.

착각은 무섭다. 여자는 정말 싫어서 싫다고 말하는데, 남자는 여자가 좋아하면서 튕기는 것이라고 생각하는 꼴이다. 착각은 사실과 다르게 생각하는 것이다. 모르면서 안다는 착각! 결국 잘 듣지 않고 건성으로 수업시간을 보내게 된다. 또 학원은 공부해서 실력을 키우는 곳이고, 학교는 그냥 책가방 들고 의무적으로 날마다 왔다 갔다 하는 곳이라는 위험한 생각을 한다.

수업시간에 집중해야 하는 이유는 선생님 말 속에 모든 '답'이 있기 때문이다. 어떤 시험문제도 선생님이 가르쳐주지 않은 곳에서 나오는 경우는 없다. 수업시간에 선생님의 설명을 잘 들으면 어떤 것이 중요한지 아닌지 금세 알 수 있다. 어떤 선생님들은 시험에 꼭 낼 것이고, 틀리면 가만두지 않겠다는 협박성 발언까지 서슴지 않는다.

하지만 아이들은 선생님의 열정을 무색하게 만든다. 슬쩍슬쩍 잠을 자거나 머릿속은 온통 딴생각으로 가득 차 있다. 그런데 문제는 수업시간에 이런 학생들이 거의 대부분이라는 점이다. 자는 놈이야 깨우면 되지만 자는 척하는 놈은 절대 깨울 수 없다. 언제 어디서든 학교수업이 가장 중요하다는 사실을 꼭 기억해야 한다.

📖 수업시간에 나오는 시험문제

학교에 가보면 한 대 때려주고 싶을 만큼 얄미운 친구들이 있다. 그들은 언제나 놀 거 다 놀고, 텔레비전 프로그램도 모두 꿰차고 있다. 그뿐이랴! 게임도 둘째가라면 서러울 정도로 잘하는데 성적은 감히 넘볼 수 없을 정도로 높다. 비결이 뭘까? 바로 수업시간의 집중력에 있다.

특히 시험기간에는 더욱더 집중을 요한다. 선생님 설명 중에 시험문제 힌트가 많이 나오기 때문이다. 같은 시간, 같은 양을 공부해도 훨씬 더 높은 효과를 얻을 수 있다. 현수막에 수상자 명단을 날리는 학원도, 고액의 비싼 과외도 성적을 전적으로 책임지지는 못한다.

주요 과목은 한 학년에 두세 명의 선생님이 있다. 하지만 음악, 미술, 체육, 기가(기술가정) 등 주요 과목이 아닌 경우는 담당하는 선생님이 한 명뿐이다. 이런 과목일수록 더욱더 집중을 해야 한다. 담당 선생님의 비중은 거의 100퍼센트에 가깝다. 수업 집중도와 선생님의 영향력이 결정적인 만큼 멍하게 수업시간을 보내지 말자.

중학교 때부터는 과목수도 많아지고 담당 선생님도 모두 다르다. 시험 출제자가 가르치는 선생님이니만큼 그의 성향이나 출제 스타일을 알고 있으면 굉장히 유리하다.

예를 들어보자. 꼭 알아야 할 중요한 부분만 출제하기도 하지만 변별력을 높이기 위해 사소한 부분까지 꼼꼼하게 문제를 내는 경우도 있다. 프린트물이나 교과서 안에 있는 문제와 비슷하게 내는 경우도 있고, 응용문제나 심화문제로 학생들을 공포의 도가니로 몰아넣은 경우도 있다. 전체 난이도는 쉽지만 한두 문제씩 함정을 만들어서 시험이 끝나자마자 교실을 온통 당파 싸움의 장으로 만들어버리는 과목도 있다.

학교시험은 전반적으로 난도가 낮은 편인데 시험기간 내내 어려운 심화문제만 붙잡고 있다면 시간 낭비이다. 죽어라 공부해봤자 점수는 늘 제자리걸음일 것이다. 반대로 교육열이 높은 지역이라면 시험 난도가 꽤 높다. 그래서 수학과 영어도 심화문제 유형으로 깊이 있게 공부해야 한다. 암기과목도 객관식 정답 하나만 고르는 게 아니라, 모두 골라야 하니 완벽하게 알아야 한다. 그러므로 시중에 나오는 기출문제집만 4~5권씩 푸는 것은 어리석은 짓이다. 그것보다는 교과서를 완벽하게 내 것으로 소화시키는 것이 우선이다. '~만', '~뿐' 등의 단어 하나만 들어가도 상황은 완전히 역전되고 만다. 자, 이제부터 선생님의 스타일을 샅샅이 파헤쳐보자.

전 학년의 기출문제들이 있는 족보도 시험 치기 전에 살펴보자. 학교 선배와 알고 지내는 것도 큰 도움이 된다. 또 인터넷 사이트에 들어가면 학교별 기출문제가 연도별도 정리되어 있으니 이를 활용하자. 학원에 다니고 있다면 기출문제쯤은 원 없이 풀게 될 테니 걱정하지 말자.

📖 수행평가 대처 요령

예체능 과목은 많게는 90퍼센트까지 수행평가가 점수에 반영되기도 한다. 예체능을 뺀 8개 과목에서도 반영 비율이 30~50퍼센트로 높은 편이다.

수행평가에는 여러 가지가 들어간다. 예를 들어 영어의 경우 쓰기, 듣기, 말하기, 수업태도 등 관련 영역들을 평가한다. 준비물이나 수업의 성실성, 참여도 등을 보는 태도점수도 있다.

"공부보다 인간이 되어야 한다"고 강조하는 선생님이 있는가 하면, "학생은 공부를 해야지"라며 성적으로 학생을 평가하는 선생님도 있다. 보수적인 선생님에게는 예의 바른 행동과 학생다운 몸가짐을 보이는 것이 좋고, 젊고 자유분방한 분위기의 선생님이라면 적극적인 모습이 좋은 점수로 연결된다.

수행평가 과제물을 제출할 때도 선생님의 스타일에 맞게 쓰면 더 좋다. 정성을 들여 한 자 한 자 손으로 쓰는 것을 좋아하는 경우도 있고, 워드 작업으로 깔끔하게 정리하는 것을 선호하는 경우도 있다. 과제 분량에 대해 별로 신경 쓰지 않는 선생님이 있는가 하면, 분량 이상을 냈을 때 플러스를 주는 경우도 있다. 과제 내용의 완성도를 높이 평가하는 경우가 있는가 하면, 보기 좋은 떡이 먹기도 좋다고 예쁘게 꾸민 보고서를 선호하는 선생님도 있다.

수행평가를 할 때는 기본에 충실하고, 선생님 스타일을 잘 파악하면 효과적인 결과를 얻을 수 있다. 목동으로 이사를 간 선우는 세 장 분량의 사회 수행평가 보고서를 준비했다. 인터넷 검색을 하고 엄마가 찾아준 관련 도서를 참고해서 분량에 맞게 성실하게 썼다. 하지만 결과는 참담했다. 선우는 집에 와서 펑펑 울었다고 한다. 다른 친구들은 엄마, 아빠가 외국 사이트까지 다 뒤지고, 미국에 있는 친척들에게 관련 자료까지 공수받아 30~40장을 써 왔다고 하니 그야말로 수행평가 전쟁 시대다.

깜빡하고 기간 내에 제출하지 못할 때가 있다. 상황 설명을 잘하면 객관적인 기준으로 재평가를 받을 기회를 얻을 수도 있다. 하지만 기한을 중시하는 선생님이라면 100퍼센트 감점을 예상해야 한다.

특히 중학교 영어내신 산출은 학교별로 조금씩 다를 수 있다. 일반적으로 지필고사(60~70%) + 수행평가(30~40%) 방식을 기본으로 한다. 지필고사는 학기별 중간/기말고사 점수이고, 수행평가는 평소 수업태도, 듣기 평가 점수, 영작 및 기타 과제 등이 있다. 주목해야 할 점은 듣기 평가와 쓰기 수행평가가 앞으로 높은 비중을 차지한다는 점이다. 또한 NEAT와의 연계로 인해 난도도 높아질 가능성이 크다.

특히 쓰기의 경우 서술형 평가와 관련성 높기 때문에 철저히 대비해야 한다. 영어 제시문에서 문단별 중심 내용을 영작 할 수 있어야 한다. 나아가 글의 내용을 요약하고 자신의 생각이나 의견을 제시하는 훈련을 해야 한다. 쓰기 시험은 가장 기억에 남는 일이나 혹은 인상깊었던 것에 대한 이유를 작성하는 문제도 나온다. 또 짧은 에세이나 제시 그림을 설명하고 묘사하는 등의 문제가 출제될 예정이다. 따라서 중학교 시기부터 꾸준히 준비해야 한다.

● **수행평가 일정표 만들기**

선생님의 스타일을 파악하면 도움이 되는 것은 사실이다. 하지만 기본에 충실하는 것이 제일 중요하다. 학기 초가 되면 수행평가 기준을 정확하게 알려주니, 그것에 따라 준비하면 크게 힘들게 없다. 몰아서 한꺼번에 하려면 항상 탈이 나게 마련이다.

수행평가의 기준을 제대로 파악하고, 평가 날짜를 달력이나 학습 플래너에 표시하자. 수행평가 일정을 적을 때는 날짜와 범위, 반영률을 표시한다. 자신의 능력을 고려해서 만점을 받으려면 시간을 어떻게 조절해야 하는지 계획해서 써보자. 또 완성도의 과정 일정을 표시해도 좋다. 급하게 몰아서 하지 말고 차근차근하게 하는 것이 가장 좋다.

```
수행평가 준비 일정
──────────────────────────────────
1차 자료 찾기(○월 ○일까지)
──────────────────────────────────
2차 초안 만들기(○월 ○일까지)
──────────────────────────────────
3차 워드작업 및 파워포인트 내지 실물 만들기
```

열심히 해도 왜 자꾸
감점이 되지요?

공부 스타일
따라잡기 ❽

A 선생님의 지시사항을 잘못 이해하면 시험점수의 감점을 각오해야 한다. 지시사항이 문서일 경우 꼼꼼하게 천천히 읽자. 수업시간 중에 구두로 지시사항을 전달받은 경우 주의 깊게 들어야 한다. 지시사항이 결과에 초점을 두는 경우라면 여러 결과 중에 최상의 선택을 하면 된다. 하지만 수행평가 작업순서를 강조하는 경우라면 이런 융통성은 감점의 원인이 된다. 지시사항이 많고 복잡하다면 '체크리스트'를 만들어 한 가지라도 감점 요인이 없도록 주의해야 한다. 선생님이 원하는 것을 아는 것이 점수와 직결된다는 사실을 명심하자.

2

이렇게 공부하면
망한다 Worst 5

　　　　　　　　　　남들만큼 한다고 생각했는데 성적이 배신할 때는 다 이유가 있다. 공부를 방해하는 '핑계 폭탄'을 제거해보자. 핑계 폭탄은 안팎으로 수도 없이 널려 있다. 내 안에 있는 자신감이나 목표의식이 불량품일 수도 있다. 어디 그뿐이랴. 산만한 공부환경이나 친구 문제가 공부를 방해하는 요인이 될 수도 있다. 어떤 핑계든 결국 자기합리화에 불과하다. 그중에서 몇 가지만 콕콕 집어보자.

1 먹으면서 공부한다고?

　미국의 한 심리학자에 따르면, 간식을 먹으면서 공부를 하면 집중력의 70퍼센트를 먹는 데 쓴다고 한다. 먹으면서 공부하면 건성으로 책을 보게 된다. 먹을 것이 바닥나면 먹이를 찾는 하이에

나처럼 부엌 주변을 어슬렁거리고, 무슨 소리만 나도 조르르 달려간다. 집중이 될 리가 없다. 공부할 때는 공부하고, 먹을 때는 먹자.

군것질은 집중력을 빼앗는 최대의 적이다. 시도 때도 없이 간식을 하면 뇌로 가야 할 20퍼센트의 신선한 피가 음식을 소화시키기 위해 위에서 활동하게 된다. 결국 뇌는 20퍼센트의 산소를 위에게 빼앗기게 된다. 뇌는 잠시 해롱해롱 휴식 모드로 들어가는데 그것이 바로 졸음이다. 점심을 먹고 나서 오후에 나른하고 졸음이 오는 이유도 이 때문이다.

2 음악 들으며 우아하게?

사춘기 아이들과 엄마와의 피할 수 없는 대결이 하나 있다. 바로 음악과의 전쟁이다. 차분하게 집중도를 높여주는 클래식이라면 좋겠지만, 힙합에 대중가요까지 흥얼거리면서 공부를 한다. 그러면서도 끝까지 박박 우긴다. 음악을 들으면 집중이 더 잘되고, 공부도 더 많이 한다고 말이다. 정말 그럴까?

연구 결과에 따르면, 음악을 들으며 공부한 학생은 정신의 60퍼센트를 음악 소리에 빼앗기고 40퍼센트만 공부에 활용한다고 한다. 공부를 하고 있는 것 같지만, 사실 엉덩이만 붙이고 있을 뿐이다. 음악을 들으면서 공부하면 마음이 콩밭에 왔다 갔다 하기 십상이다.

3 쉬는 시간 백배 즐기기

평소 쉬는 시간에는 수업시간에 배운 내용을 복습한다. 수업이 끝났다고 바로 책을 덮지 말자. 잠깐이라도 필기 내용과 핵심사항을 눈으로 훑어보자. 최소 시간으로 최대의 효과를 얻을 수 있다.

한편 시험 치는 날, 쉬는 시간이 되면 교실 안은 정신이 없다. 온갖 소리들이 뒤섞여 정신을 혼란하게 만든다. 시험을 볼 때 시간이 남아 오락가락한 답을 고쳤는데, 처음 답이 정답이란다. 으악! 비명이 여기저기에서 들려온다. 그뿐이랴! 찍은 문제가 맞았다며 환호성을 지르고, 기대 이하의 예상 점수로 미리부터 펑펑우는 아이들까지 있다. 할인점의 초대박 세일에 인파가 몰린 것처럼 시험지를 들고 이리저리 우르르 몰려다닌다.

제발 숨을 크게 쉬고 다음 시험을 준비하라고 말하고 싶다. 쉬는 시간에 답을 맞추는 것은 비 오는 날 세차하는 것이나 마찬가지다. 앞 시험을 못 쳤다면 기분이 어떨까? 부정적인 감정들이 마치 약 뿌린 뒤 스멀스멀 기어나오는 바퀴벌레처럼 줄지어 나올 것이다. 그리고 그런 감정들은 결국 다음 시험을 망치게 한다.

쉬는 시간은 짧지만 요점정리를 훑을 수 있는 절호의 찬스이다. 평소에 잘 외워지지 않거나 헷갈리는 것들을 다시 한 번 체크해야 한다. 물론 시험지를 받자마자 쉬는 시간에 보았던 것이 나온다면 이보다 더 좋을 수는 없다.

4 멀티플레이를 막아라!

인터넷 강의를 들으면서 문자 오는 것마다 바로바로 답장 문자를 날려주고, 메신저를 켜놓고 친구들에게 모두 인사하는 '방가방가맨'들이 있다. 나중에 지역 시의원이라도 나갈 모양인지 메신저에 친구가 접속할 때마다 온갖 친한 척은 다한다. 인터넷 강의를 들으면서 딴짓을 하다가 걸린 전과가 있는 아이들이라면 엄마가 옆에서 책을 보거나 다른 일을 하면서 수호천사가 되어주어야 한다. '남들은 학원에 모시고 오가는데 이 정도야 아무것도 아니지 뭐'라는 마음으로 곁에 있어주자. 인터넷 강의의 장점을 100퍼센트 활용하는 비결이다.

일반적으로 여자는 멀티플레이가 가능한 데 반해, 남자는 두 가지 이상의 일을 동시에 잘 못한다. 그렇다고 여학생은 해도 된다는 뜻은 절대 아니다. 남학생일수록 한 가지에 집중하도록 도와주는 것이 좋다는 말씀!

공부하는 시간이 길수록 집중도가 떨어지는 것은 당연하다. 예를 들어 3시간 동안 계속 공부하는 것보다 토막을 내서 50분 공부하고 10분 쉬기를 반복하는 방법이 훨씬 더 유리하다. 학교 쉬는 시간도 다 이유가 있다.

집중력을 높이고 오래 기억할 수 있도록 붙잡아놓는 방법이 있을까? 모든 감각을 다 이용해서 꽁꽁 묶어두는 방법이다. 눈으로 보고(시각), 읽고(청각), 손으로 풀거나 써보는(촉각) 방법을 최대한 활용하자. 잘난 머리만 믿으며 폼 잡지 말고!

5 교실 뒷자리에서 누리는 자유

선생님의 눈빛을 적의 레이더망쯤으로 생각하는 아이들이 있다. 그들은 선생님과 절대 눈을 맞추지 않는 것을 철칙으로 삼는다. 눈이 맞으면 바로 질문을 할 것 같은 두려움에 시달리는 모양이다. 그런 아이들의 아지트는 교실 뒷자리이다.

서서 수업하는 선생님은 학생들이 무슨 짓을 하는지 다 알고 있다. 그런데 정작 본인만 선생님이 모르실 거라는 착각에 빠져 있다. 그래서 문자 보내고, 책 사이로 만화책을 보기도 하고, 눈치껏 잠을 자기도 하고, 학원 숙제를 하기도 한다. 하지만 스릴을 맛보기엔 잃어버리는 것들이 너무 많다. 새로 산 휴대전화를 압수당해야 비로소 정신을 차린다. 공부에 관심 없는 아이들은 당연히 뒷자리를 선호한다. 그래서 분위기가 산만해진다. 최대한 앞쪽에 앉아 수업을 받아야 한다는 것을 알려주자.

공부 잘하는 애들은 나와 무엇이 다른가요?

공부 스타일 따라잡기 ⑨

A 버클리 대학의 심리연구소에서 '세계적으로 성공한 600인에 대한 연구'를 수행했다. 그들은 5가지 공통된 특징들이 있었다. 강한 집중력, 살아 있는 감성, 창의적 사고, 정직한 성품, 풍부한 독서량 등이다. 성공과 공부가 꼭 비례하는 것은 아니다. 그러나 공부가 성공의 발판을 마련해준다는 것에 이의를 제기할 사람은 없을 것이다. 좀 더 구체적으로 살펴보면, 공부를 잘하는 학생은 늘 공부계획을 세우고, 부족한 부분을 스스로 만족할 때까지 한다.

3

탄탄한 독서량이
학습 이해력을 결정한다

아파트 추가 분양 전단지에 "때 묻지 않는 자연과 편리한 주거의 만남, 아름다운 풍경을 담아 그대에게 드립니다"라는 문구를 본 적이 있다. 자연과 편리한 주거를 동시에 만족시키면 정말 환상적일 것이다.

이제 역으로 추론해보자. 말 그대로 '저 푸른 초원 위의 그림 같은 집'이다. 그러나 여기에는 도시와 떨어져 접근성이 나쁘다는 뜻이 숨어 있다. 공부를 할 때도 이렇게 숨은 뜻을 알아내는 사고력이 필요하다. 사고력을 키우기 위한 최고의 방법은 바로 '독서'이다.

독서는 국어뿐만 아니라 모든 학습의 바탕이자, 최고의 선행학습이 된다. 특히 중학교 때 기른 독서 능력은 성인이 될 때까지 많은 영향을 끼친다. 고등학교에 가서 책을 읽으려면 시간이 부족하니 독서는 가급적 일찍 시작하는 것이 좋다.

특히 수능 언어영역은 열심히 한다고 점수가 올라가고, 안 했다고 떨어지는 과목이 아니다. 아무리 뛰어난 대치동 명강사가 가르쳐도 짧은 시간에 대폭적인 점수 상승은 거의 불가능하다. 언어영역 점수가 쉽게 오르거나 쉽게 떨어지지 않는 이유는 기본적인 판단력이나 분석력, 사고력을 요하는 문제들이 대부분이기 때문이다. 이러한 사고력은 도깨비 방망이처럼 하루아침에 '뚝딱' 생기는 것이 아니므로 더욱 체계적인 학습과 독서가 필요하다.

독서는 언어영역은 물론, 학습의 전반적인 기초가 된다는 점에서 학부모나 학생들 모두 그 중요성에 소홀함이 없어야 한다. 알다시피 학년이 올라갈수록 단편적인 지식 조각들을 묻는 것이 아니라, 종합적이고 총체적인 사고 능력을 평가한다. 이 점을 잘 기억한다면 독서가 얼마나 중요한지 알 수 있을 것이다.

📖 사고 능력을 키워주는 최고의 과외, 독서

독서는 어휘, 사실적 사고, 추리 상상적 사고, 비판적 사고, 논리적 사고 능력 등 다양한 사고 능력을 키워준다. 독서를 통해 사고 능력을 향상시키는 방법에 대해 간단히 알아보자.

첫째, 어휘력을 향상시키기 위해서는 국어사전을 항상 가까이에 두고 모르는 단어를 수시로 찾아보는 습관을 길러야 한다. 책뿐만 아니라 칼럼, 사설, 잡지를 통해 배경지식을 넓히고, 한자와

시사용어 습득에도 관심을 갖는 것이 좋다.

둘째, 사실적 사고력은 문장의 주제와 핵심을 찾아내는 훈련을 통해 기를 수 있다. 이런 능력은 어릴 때부터 독서습관을 통해 길러야 한다.

셋째, 추리 상상적 사고는 글을 읽고 그 속에 감춰진 속뜻을 파악할 수 있게 해준다. 이는 배경지식을 동원해서 정보를 분석하고 종합해서 추리해내는 힘이다. 이런 능력을 키우기 위해서는 글을 있는 그대로 받아들이면 안 된다. '무슨 꿍꿍이가 있지?' 라고 생각하고 조목조목 따져보자. 가령 저자의 입장과 의도를 생각하며 읽어보는 것이다. 특히 문학 작품의 경우, 등장인물들의 대화나 행동이 무엇을 의미하는지 추리해보자.

넷째, 논리적 사고는 주장과 근거의 타당성을 따져보는 능력이다. 신문 사설이나 칼럼을 이용하는 것이 좋은데, 특히 교과서에 실린 비문학은 주장과 근거의 타당성이 분명하기 때문에 훈련하기에 매우 적합하다.

다섯째, 비판적 사고는 글의 가치를 따질 수 있는 능력이다. 비판이라고 해서 무조건 부정적으로 생각하면 안 된다. 참된 비판은 어느 한쪽으로 치우쳐서는 안 된다. 긍정적인 것과 부정적인 것을 모두 아우르는 균형적인 시각이 요구된다.

📖 무조건 읽는다고 독서가 아니다

책과 친해지기 위해 너무 많은 욕심을 부리면 안 된다. 흥미와 재미를 줄 수 있는 책부터 시작하되, 자신의 독서 수준에 맞추는 것이 좋다. 처음에는 가벼운 책으로 시작하고 익숙해지면 점차 분야를 넓혀가는 것이 좋다. 예를 들어 자신이 좋아하는 판타지 소설로 시작해서 어느 정도 독서의 감을 익힌 후에 천천히 과학이나 인문사회, 고전과 명작들로 확대시켜본다.

당장 읽어야 할 책이 많다고 닥치는 대로 읽는 것은 바보 같은 짓이다. 다양한 분야를 읽되 급하게 읽지 말고, 내용을 천천히 이해하고 넘어가는 것이 좋다. 따라서 다독보다는 정독을 권한다. 수박 겉핥기 식으로 읽으면 곤란하다. 가령 바닷가에 놀러갔다면 아무 생각 없이 첨벙거리다가 오지 말고, 주변 풍경이나 사람 구경도 하고, 게나 불가사리도 잡아보는 등 다양하게 체험해야 한다. 책을 읽을 때도 시대적 배경이나 작가의 세계관, 등장인물의 행동양식을 통해 다양한 사고 확장을 시도해보자.

● 배경지식은 왜 필요한가?

다른 아이들보다 독서 수준이 꽤 높은 그룹을 대상으로 문학작품 읽기를 가르친 적이 있다. 그들은 6학년 때부터 이미 체계적인 책읽기 훈련을 받은 상태였고, 세계명작까지 어느 정도 소화한 아이들이었다. 그래서 마음 놓고 현대문학 단편의 줄거리 요약을 시컸는데, 내용 자체도 이해하지 못하고 쩔쩔맸다.

처음에는 분량이 적어 좋다고 환호성을 지르던 아이들도 입을 꾹 다물어버렸다. 겨우 읽고 이해하다가 결말 부분에 가면 "이게 뭐야?"라고 황당해하기도 하고, 어떤 아이는 김동인의 〈배따라기〉를 무려 7번이나 읽었는데도 줄거리 파악이 되지 않자 울먹거리기도 했다. 책을 많이 읽었다고 자신만만해하던 아이들이 도대체 왜 그럴까?

아이들은 세계명작에 비해 특히 한국 현대문학을 어려워한다. 배경지식 없이 글자만 읽으니 감정이입이 될 리 만무하다. 세계명작의 경우, 정확한 내용은 잘 몰라도 어릴 때부터 다양한 매체를 통해 자연스럽게 접하기 때문에 훨씬 수월하지만 현대문학은 다르다.

주인공이 배가 고파 죽으면, "배가 고픈데 왜 죽어요? 컵라면 먹으면 되잖아요!", "왜 얼어 죽어요? 보일러 틀면 되지!"라고 천연덕스럽게 말한다. 하지만 그들에게 배경지식을 설명해주면 그때서야 "아, 진짜 그런 일이 생길 수도 있구나" 하며 이해하기 시작한다. 이렇게 문학작품의 역사적 배경이나 작가에 대한 정보를 알면 이해가 훨씬 빨라진다.

배경지식을 활용할 수 있는 부분은 비단 문학작품뿐만이 아니다. 여학생들이 유독 어려워하는 과학의 경우, 관련 도서를 많이 읽으면 훨씬 더 즐겁게 접근할 수 있다. 책을 좋아하는 여학생들은 과학보다는 문학책부터 보는 경향이 있는데, 다양한 책을 읽는 것이 바람직하다. 특히 중학교 때는 문학 쪽으로만 치우쳐 읽지 않도록 지도해야 한다.

아이가 영어 단어를 외우거나 수학문제를 풀 때는 흐뭇해하면서, 책을 읽으면 시간이 아깝다고 생각하는 부모들이 많다. 문제 하나를 푸는 것이 더 영양가가 있다고 생각하기 때문이다. 하지만 똑똑한 부모는 탄탄한 독서량이 우리 아이의 학습능력을 튼튼하게 키워줄 보약임을 알고 있다.

| 중학생 골고루 책 읽기 |

인문/철학	사회/문화/예술	정치/경제/법률	국제/전쟁/인권
• 머릿속을 헤엄치는 생각 물고기 • 도덕을 위한 철학 통조림 • 퇴계 달중이를 만나다 • 논리를 모르면 웃을 수도 없다 • 논리는 나의 힘 • 오류를 알면 논리가 보인다 • 영혼을 위한 닭고기 수프 • 생각발전소	• 국경 없는 의사회 • 감옥으로부터의 사색 • 대중문화와 겉과 속 • 대중매체의 이해와 활용 • 나는 빠리의 택시 운전사 • 반고흐 영혼의 편지 • 지구 밖으로 행군하라 • 내사랑 미술관	• 부자 아빠 가난한 아빠 • 유시민 경제학 카페 • 경주 최부잣집 300년 부의 비밀 • 만화로 보는 자본주의 공산주의 • 신문이 보이고 뉴스가 들리는 재미있는 정치이야기 • 몬스터 마을의 경제학 • 대한민국 희망 보고서 유한 킴벌리	• 땅콩선생 드디어 인권교육하다 • 오체불만족 • 우리 누나 • 무기 팔지 마세요 • 이라크에서 온 편지 • 트레버 • 얘들아 인권 공부하자

글을 읽을 때 핵심이 안 잡혀요.

공부 스타일 따라잡기 ⑩

A 다양한 책을 읽다 보면 핵심이 안 잡혀 난감할 때가 있다. 누군가의 도움이 필요하지만 그냥 지나치기 일쑤다. 그저 중요한 문장이나 용어에 별표를 하는 것이 전부이다. 이제 책을 적극적으로 읽어보자. 독해력이 몇 배로 좋아질 것이다. 예를 들어, 사전을 찾아야 할 용어나 단어에 동그라미를 표시하고, 낯선 용어의 정의를 여백에 짧게 기록해보자. 이해가 어렵거나 질문이 필요할 경우 물음표를 표시해놓고 나중에 선생님의 도움을 받는다. 그 장의 주요 요점이나 사건을 표시해두고 그 요점이 어느 하위 개념에 속하는지 써본다. 제목, 부제 소제목도 눈여겨보자.

시험 준비가 남다르면 결과도 다르다

📖 반복만이 살길이다

'나도 일등하고 싶다!' 는 생각은 누구나 한다. 그들은 안쓰러울 정도로 열심히 공부한다. 문제는 공부의 양과 시험 결과가 반드시 비례하지 않는다는 점이다. 그렇게 시간과 노력을 쏟아부었는데 혹시 학습 불량 유전자라도 있는 건 아닌지 답답하다. 옆에서 보는 부모 마음도 아프다. 아이는 또 얼마나 속상할까? 열심히 공부해도 성적이 오르지 않는 이유는 무엇일까?

에빙하우스의 망각 곡선을 보면 학습 후 1시간이 지나면 배운 것의 50퍼센트 정도를 잊어버린다. 하루가 지나면 60퍼센트, 일주일이 지나면 70퍼센트, 한 달이 지나면 80퍼센트를 잊어버린다. 결국 한 달이 지나면 20퍼센트만 기억할 뿐이다. 졸음과 게임의 유혹을 이겨내며 공부한 것에 비하면 너무나 초라한 결과이다.

기억력을 높이려면 어떻게 해야 할까? 방법은 주기적인 반복뿐이다. 1회 반복은 20퍼센트, 2회 반복은 40퍼센트, 3회 반복은 50퍼센트, 4회 반복은 60퍼센트, 5회 반복은 80퍼센트의 기억률을 올린다. 7회 반복을 해야 비로소 기억률이 100퍼센트에 오른다. 결국 최소 다섯 번 정도는 반복해야 80퍼센트를 기억할 수 있는 셈이다.

예를 들어 학습 내용을 암기하는 데 처음에 1시간이 걸렸다고 7번째 암기 때도 1시간이 걸릴까? 그렇지 않다. 같은 내용을 반복하면 암기하는 시간이 점점 줄어들어 나중에는 5~10분 정도로 시간이 단축된다.

전교 1퍼센트 안에 들어가는 길은 멀고 험하다. 온갖 함정들이 여기저기에 도사리고 있기 때문이다. 그 함정과 유혹에 빠지지 않아야 살아남을 수 있다.

주요 과목이나 암기과목은 작은 틈새라도 완전히 땜질을 해야 한다. 그렇지 않으면 최상위권 진입이 어렵다. 쉽게 말해 최상위권은 국영수 등 주요 과목에서 거의 만점을 받아야 하고, 암기과목에서 한두 개 정도 틀리고, 수행평가에서 몇 점 깎이는 정도여야 진입할 수 있다.

자, 이제 가슴에 손을 얹고 생각해보자. 몇 번 반복해서 공부했는지 말이다. 지금보다 딱 두 배만 더 시간과 노력을 들인다면 원하는 결과를 얻을 수 있다.

📖 과목을 쓱싹쓱싹 섞어서 공부하자

시험공부 계획표를 만들 때 우리 뇌의 특징을 이용해보자. 같은 노력으로 더 큰 효과를 얻을 수 있다.

30명의 사람들이 자기소개를 했을 때 우리는 몇 명이나 기억할 수 있을까? 우리 뇌는 보통 처음과 마지막에 인사한 사람들만 기억한다. 학습 계획표를 세울 때도 마찬가지다. 세 과목을 공부해야 한다면 주요 과목을 공부 시간의 앞뒤에 배치하는 것이 좋다.

비슷한 스타일의 여성 잡지책을 세 권 읽었다고 가정해보자. 유명 연예인의 이혼 소식이 어떤 잡지책에 나왔고, 이번 계절에 유행하는 화장 스타일이 어떤 잡지책에 나왔는지 제대로 기억할 수 있을까? 비슷비슷한 내용 때문에 결국 어떤 잡지에서 보았는지 혼돈스러울 것이다.

하지만 여행잡지와 건축잡지와 시사잡지를 읽었다고 해보자. 세 권의 잡지를 읽었지만 각기 다른 유형의 잡지였기 때문에 따로따로 저장이 가능하다. 예를 들면 '해외여행 100배 즐기기'와 '중산층의 몰락'과 '성공하는 전원주택 가이드'라는 세 개의 기사를 어떤 잡지에서 보았는지 금방 기억해낼 수 있다.

이렇게 유사 관련 과목들을 한꺼번에 공부하기보다는 각각 성격이 다른 과목을 잡아서 공부하자. 특히 시험 기간을 앞두고 이 방법을 활용하면 효과만점이다.

📖 열다섯 살의 암기법

지금까지 무조건 외우는 암기식 방법으로 공부했다면 이번 기회에 바꿔보자. 암기를 할 때는 이해를 바탕으로 암기를 해야 한다. 이해도 못하면서 무작정 암기하면 곤란하다. 마치 돈키호테가 풍차에 돌진하듯, 무모할 뿐이다. 암기하는 방법에 대해 차근차근 살펴보자.

1 목차 암기로 전체 파악하기

단원 제목과 소제목 등 교과서의 목차를 외워보자. 목차를 암기하고 그 안에 담긴 내용을 생각하면 전체를 파악할 수 있다.

교과서를 계속 읽으면서 "몇 페이지 몇 째 줄에 어떤 내용이 있고, 그림과 도표는 어떤 부분에 나온다"라고 줄줄 꿸 수 있을 정도로 완벽하게 외운다.

교과서를 사진 찍듯 통째로 외우고, 외운 만큼 철저히 공부하면 굳이 문제집에 얽매일 필요가 없다. 암기과목은 교과서를 벗어난 응용문제가 거의 없기

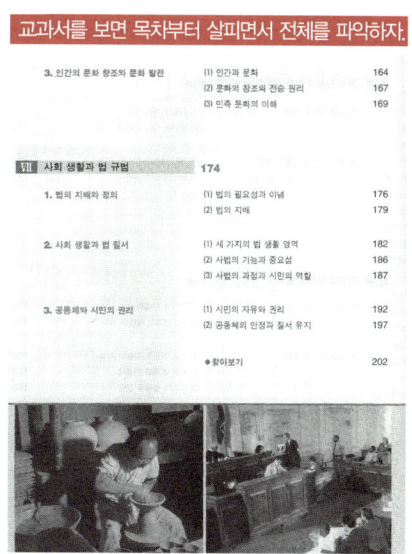

교과서를 보면 목차부터 살피면서 전체를 파악하자.

때문이다. 단, 가르치는 선생님이 바뀌지 않았다면 학교 기출문제를 구해서 풀어보면 도움이 된다.

예를 들어 과하이 경우 목차에 핵심 용어들이 총출동한다. 그 단원에서 배운 내용의 핵심 용어들로 골격을 세운 다음 살을 붙여보자. 제대로 공부했다면 목차가 제대로 만들어진다.

2 눈, 귀, 입, 손 이용하기

소리 내서 읽으면 효과가 좋다. 눈으로 한 번 읽고, 입으로 한 번 읽고, 귀로 듣고, 쓰기까지 하면 네 번이나 내용을 접하게 되니 눈으로만 공부하는 것보다 네 배 이상의 효과를 얻을 수 있다. 소리 내고 쓰면서 외우면 집중도 잘 되고, 딴생각할 틈도 졸릴 틈도 없다.

3 이미지 트레이닝하기

암기를 할 때 머릿속에 그림을 그리면 오랫동안 기억할 수 있다. 다음 단어를 세 번 반복해서 읽어보자. 몇 개나 외울 수 있을까?

오리, 피아노, 소파, 개나리꽃, 강물, 책, 아이, 나비, 인형, 악자

이번에는 머릿속에 그림을 그려보자. 거실에서 바라본 풍경을 그림으로 그려본다. 한 번만 상상해도 선명하게 기억될 것이다.

소파 위에 곰 인형이 있고, 읽다 만 책이 펼쳐져 있다. 피아노 위에는 활짝 웃는 아이 얼굴이 있는 액자가 있다. 창밖을 보니 개나리 꽃 위로 나비가 날아다닌다. 멀리 강물 위에 오리가 헤엄을 친다.

4 첫 글자를 모아 신조어로 외우기

중학교 국어 문법 중에서 학생들이 암기하기 제일 힘들어하는 부분이다. 조금만 머리를 굴리면 한 방에 외울 수 있다. 옆에서 보면 암기 천재처럼 보이지 않을까?

소리의 성질 \ 소리 나는 위치		입술소리 (순음)	혀끝소리 (설단음)	센입천장소리 (경구개음)	여린입천장소리 (연구개음)	목청소리 (후음)
안울림 소리	예사소리	ㅂ	ㄷ, ㅅ	ㅈ	ㄱ	
	된소리	ㅃ	ㄸ, ㅆ	ㅉ	ㄲ	ㅎ
	거센소리	ㅍ	ㅌ	ㅊ	ㅋ	
울림 소리	비음	ㅁ	ㄴ		ㅇ	
	유음		ㄹ			

아무리 외워도 자꾸만 잊어버리는 것을 첫 음이나 첫 글자를 모아서 재미있는 신조어로 만들어서 외운다. 세종대왕님이 "이놈" 하고 벌떡 일어나신다고 해도 시험은 무조건 잘 치고 볼 일이다.

5 스토리 만들기

A그룹은 기계적으로, B그룹은 스토리를 만들어서 암기하는 실험을 했다. 두 그룹에게 시간을 똑같이 준 뒤에 테스트한 결과, B그룹은 90퍼센트 이상 정확하게 기억했지만, A그룹은 15퍼센트 미만을 기억했다.

사회처럼 순서대로 암기를 해야 할 때는 스토리를 만들어 줄줄이 소시지처럼 엮어서 외워보자.

부여는 3세기말 선비족의 침략 - (부)잣집 (여)자에게 잘난 선비들이 집적댄다.

고구려는 데릴사위제 - (고구)마 농사를 지으려면 (데릴사위)가 필요해.

변한은 철이 풍부 - 철은 잘 (변)하지 않는다.

유리왕때 졸본성에서 국내성으로 천도- 이사할때 유리 제품 주의!

진대법 실시(194년), 고국천왕-아이구(19), 사람살려(4)! 천민살려(천)!

배고파!

6 나누고 쪼개기

심리학자 바우어는 A그룹에게는 광물을 뒤섞어서 외우도록 했다. B그룹에게는 광물을 금속과 돌로 분류하고, 금속은 다시 귀금속, 일반금속, 혼합금속으로, 돌은 보석과 석제로 분류해서 외우게 했다. 그 결과 A그룹은 19퍼센트를 기억했지만, B그룹은 무려 65퍼센트나 기억했다. 이와 같이 나누고 쪼개서 외우면 더 많은 양을 체계적으로 외울 수 있다.

몸과 머리를 항상 시험 모드로!

대학 수석 합격자에게 수석 비결을 물었다. 그의 비법은 생활 자체를 시험 체제로 바꾸어서 공부한 것이었다. 언어영역 공부는 언어영역 시험시간대에, 수리영역 공부는 수리영역 시험시간대에, 사탐과 과탐도 마찬가지로 했다. 휴식시간도 수능시험 점심시간과 쉬는 시간에 맞췄고, 10분 쪽잠도 아무 때나 자지 않았다. 잠을 자는 것도 습관이 되다 보면, 같은 시간에 자동으로 졸리다는 것이 그의 생각이었다.

심리학자 그린스푼과 랜야드는 공부하는 자세와 그 효과에 대해 연구했다. A그룹은 서서, B그룹은 앉아서 단어를 외우게 했다. 그리고 A, B그룹을 다시 두 그룹으로 나누어 서거나 앉아서 시험을 치게 했다. 그 결과 공부했던 자세와 동일한 자세로 시험을 친 학생들이 더 좋은 결과를 얻었다. 즉 서서 공부했다면 서서 시험을 치는 것이, 앉아서 공부했다면 앉아서 시험을 치는 것이 결과에 좋은 영향을 미쳤다. 물론 엎드리거나 소파에 퍼져서 공부를 하면 편한 게 사실이다. 우리 몸은 그것도 기억한다. 단, 엎드려서 시험을 보는 경우는 없다는 사실도 잊지 마시라!

📖 피할 수 없다면 즐겨라

시험은 누구에게나 스트레스다. 전교 1등이든 꼴찌든 마찬가지다. 학교시험뿐만 아니라, 살아가면서 우리는 크고 작은 시험을 항상 치르게 된다. 인간관계나 취직, 승진, 결혼 등이 모두 시험이나 마찬가지다. 길게 보면 지금의 학교시험은 별것이 아닐지도 모른다. 시험에서 실패하면 마음은 아프지만 그 속에서 교훈을 얻을 수 있다. 이러한 자세로 임한다면 항상 자기를 한 단계 업그레이드 시키는 기회가 된다.

만약 인생의 목표가 부자가 되어 자선사업을 하는 것이라고 하자. 중간고사를 망치고 특목고 진학에 실패했다고 그 꿈이 물거품이 될까? 결코 아니다. 먼 훗날의 꿈을 생각하면 그런 시련은 아무것도 아니다.

그런데 이번 기말고사가 지상 최고의 목표였는데 시험을 망쳤다면 살 가치가 없어지는 거다. 그 아이 입장에서는 죽고 싶을 것이다. 간혹 시험기간이 지나면 여기저기에서 누구누구집 아이가 아파트 옥상에서 떨어졌다더라는 끔찍한 소리가 들려온다.

엄마들 사이에서는 "자는 아이도 다시 보자"는 말이 나올 정도이다. 어떤 경우든 공부하라는 잔소리가 자살의 이유가 될 수는 없다. 하지만 조금만 상처를 받아도 자살을 생각하게끔 약한 아이로 키운 잘못은 있다. 왜냐하면 사회는 살벌하고 냉정하며 정글의 법칙이 그대로 적용되는 곳이기 때문이다. 공부는 못할지언정 강한 사람으로 커야 한다. 큰 목표를 보고 자신을 담금질해야 한다.

피할 수 없다면 즐겨라! 경쟁은 필수이고 시험도 피할 수 없다. 그럼 즐기면 되는 거다. 피할 수 없는 상황에서 징징거려봐야 나만 손해다. "또 시험이야"라고 생각하지 말자. 그럼 그때부터 시험에 끌려다니게 된다. "시험은 내 밥이야"라고 만만하게 보는 거다. 끼니때마다 밥을 먹는 것처럼 시험기간 때도 긴장을 풀고 준비에 착수하면 된다. 수시로 보는 쪽지시험과 평가는 출출할 때 먹는 간식쯤으로 생각하자. 하루 굶으면 그다음 날은 더 많이 먹게 된다. 마찬가지로 부족한 부분을 채우려면 더 많은 시간을 공부에 투자해야 한다. 요요현상은 다이어트에만 있는 것이 아니다. 매일매일 조금씩 공부에 매진하자.

시험 체크리스트는
어떻게 만들지요?

공부 스타일
따라잡기 ⑪

A 조종사가 비행 체크리스트를 이륙한 후에 점검하면 이미 늦는
다. 바닥난 연료탱크를 나중에 확인해도 대책이 없다. 시험도 마찬
가지다. 일단 시험이 코앞에 닥치면 원리나 개념을 차분하게 이해
할 틈이 없다. 원리를 제대로 모르니 응용은 상상도 할 수 없을 것
이다. 그럴 때는 '시험 체크리스트'를 만들어보자. 우선 주교재를
A4 용지에 핵심정리를 술술 쓸 정도로 소화시킨다. 부교재는 주교
재에 빠진 부분이나 혼돈하기 쉬운 내용 위주로 정리하자. 예를 들
면 반드시 이해가 필요한 내용, 암기할 내용, 응용력 문제 등으로
구분해서 체크한다. 반복학습이 필요한 경우에는 플래시 카드를
사용하자. 플래시 카드는 자투리 시간을 이용하면 효과적이다.

5

복습과 오답노트
100퍼센트 활용 노하우

📖 예습 · 복습의 신神

예습과 복습은 중요하다. 이때 각자의 수준에 따라 어디에 더 중점을 둘 것인지를 반드시 고려해야 한다. 상위권 학생이라면 예습이 더 효과적이다. 예습은 앞으로 배울 학습 내용의 이해력을 극대화시킨다. 예습에서 미처 이해를 못한 부분은 수업시간에 집중하면 된다.

예습은 '부분'에 매달리면 안 된다. 전체를 파악해야 한다. 단원의 학습목표와 목차를 통해 '아, 이런 내용을 배우겠구나'라는 정도로 파악하면 된다. 또 하나는 배울 내용의 개념을 이해하고, 그 개념들을 머릿속에 그려보고 이해가 안 되는 부분을 체크해보는 것이다. 수업시간에 그 부분에 더욱더 집중하고 질문도 해야 한다.

중학교 내신을 끌어올리는 비결은 잔머리 굴리지 말고 성실하게 복습하는 데 있다. 예습·복습과 오답노트를 생활의 일부처럼 습관적으로 만들자. 중요한 것은 실천이다. 귀찮다고 생각하지 말자. 학교 갔다 오면 누가 있으나 없으나 스스로 할 수 있을 때까지 하자.

필자는 아이가 중학교에 들어갔을 때 초등학교에 입학했던 시절로 돌아가 아이를 챙겼다. 습관을 들이기 위해서였다. 하교하면 교복을 벗어 옷걸이에 반듯하게 걸어두게 했다. 책가방을 챙기면서 짧은 시간 안에 주요 과목 복습과 예습을 하도록 했다. 습관이 되려면 적어도 3주는 지나야 한다고 한다. 중학교 입학과 동시에 올바른 습관을 들여야 훨씬 유리하다. 새 마음 새 뜻으로 하려는 의지가 강한 시기이기 때문이다.

📖 필기의 달인이 돼라

사실 초등학교 때는 필기를 별로 하지 않는다. 그런데 중학교에 올라가면 필기할 분량도 많고 정리도 스스로 해야 한다. 긴장의 끈을 조금만 풀고 있어도 수업은 벌써 저만큼 떠나간 배가 되어 있다. 그러니 놓치는 내용이 많을 수밖에 없다. 수업에 임하기 전에는 물음표, 수업이 끝날 때는 느낌표가 될 수 있도록 집중하자.

일단 수업시간에는 딴
생각을 하지 말고 선생
님이 판서한 내용과 설
명을 꼼꼼하게 필기한
다. 이때 노트는 반으로
접어 한쪽만 사용하되,
빡빡하게 하지 말고 넉
넉하게 쓰는 것이 좋다.

처음에는 '왜 필요 없
이 노트를 낭비하나?' 라
고 생각할 수도 있다. 하
지만 중간고사 기간이

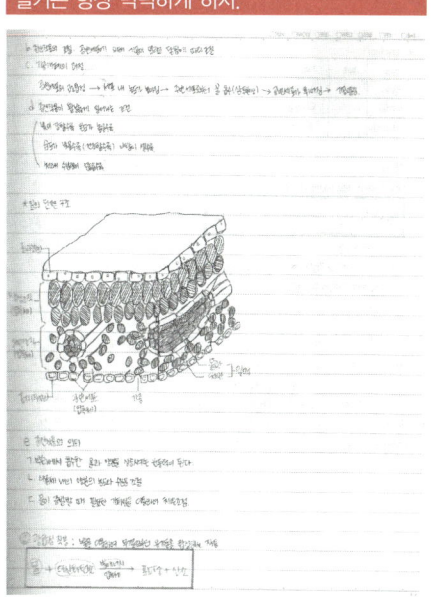

필기는 항상 넉넉하게 하자.

되면 그 의미를 비로소 깨닫게 된다. 노트에 예습과 복습이 고스
란히 드러나 있고, 그 덕분에 공부 효과도 극대화되기 때문이다.

중학생이 된 아이에게 다시 한 번 예습과 복습을 제대로 할 수
있도록 차근차근 설명하고 옆에서 도와주자.

쿨하게 '예습해', '복습해' 라는 식으로 두루뭉술 넘어가지 말
자. 꼼꼼하게 설명해주자. 대학에서 학생들을 가르치는 교수가 제
아무리 많은 지식을 가지고 있으면 뭐하나? 아는 것을 10분의 1밖
에 가르치지 못한다면 학생 입장에서 그 교수는 도움이 안 된다.
텍스트만 봐도 그 정도 내용은 혼자서도 공부할 수 있기 때문이다.

📖 필기를 이용한 예습 · 복습 4단계

1 수업시간 집중과 여유 있는 필기

수업시간이 제일 중요하고 반드시 집중해야 한다는 사실을 인지해야 한다. 수업시간에 판서한 내용을 각각의 중요도에 따라 색을 달리해서 필기를 해보자. 노트를 반으로 접어 한쪽만 사용한다. 필기는 여유 있게, 빼곡하게 쓰지 않도록 주의한다.

2 쉬는 시간을 활용한 1차 복습

쉬는 시간이 되자마자 바로 책을 덮지 말자. 오늘 배운 내용을 다시 빠르게 보면서 1차 복습을 한다. 5분 안에 이뤄진 1차 복습은 투자 대비 효과 면에서 최강이다.

3 집에서 하는 2차 복습

집에 돌아오면 주요 과목 위주로 복습을 한다. 참고서를 보면서 전체를 이해하고, 특히 핵심 개념이나 요점을 다시 정리한다. 그 다음 확인문제를 체크한다. 이러한 과정을 통해 학교공부 외에 추가된 부분과 헷갈리는 부분을 노트에 다시 정리한다. 학교에서 필기한 노트에 이런 부분들을 추가하면 된다.

노트 정리를 할 때는 본인이 선생님이 되어 학생을 가르친다고 생각하면 훨씬 더 효과적이다. 정확하게 모르면 결국 헤매고 시험 결과에도 바로 드러난다. 설명은 말로 하고 글로도 써보자. 효과

100퍼센트다. 또는 부모님이나 친구들 앞에서 배운 내용을 설명해보자. 혼자서 하는 것보다 훨씬 효과가 좋을 것이다. 누군가를 가르치면 자신의 지식이 더욱 확고해지고 집중도 잘된다.

4 아침에 하는 상쾌한 예습

아침에 정신없이 책가방을 챙기지 말자. 허겁지겁 책을 챙기다 보면 노트를 빼먹거나 숙제를 빠뜨리기 일쑤다. 준비물을 책상 위에 올려놓고도 깜빡할 때가 있다. 이런 작은 실수가 바로 수행평가 감점의 원인이 된다. 수행평가는 수업태도와 준비물은 물론, 숙제 체크도 포함된다.

잠도 못 자고 한 과제를 책상 위에 두고 등교를 했다고 생각해보자. 감점을 당하고 속으로 눈물을 뚝뚝 흘릴 것이다. 특히 남학생들은 교과서를 빼먹는 경우도 많다. 남학생 어머니들은 '초등학교 때 버릇이니 중학교에 가면 달라지겠지'라는 헛된 희망을 품지 않는 게 좋다. 그때그때 바로잡아주지 않으면 덜렁거리는 버릇은 고등학교에 가서도 달라지지 않는다.

책가방을 챙길 때 시간이 있다면 예습을 하자. 주요 과목이 그 대상이다. 다음 날 시간표를 보면서 배울 단원을 가볍게 읽어본다. 예습은 아는 것과 잘 모르는 것을 파악하는 정도면 충분하다. 잘 모르는 부분이 바로 수업시간에 집중해야 할 부분이다. 해석이 막히는 영어문제나 풀기 어려운 수학문제도 체크해두자.

특별히 약한 과목이 있을 수 있다. 여학생은 과학이나 수학일 경우가 많고, 남학생은 대체로 국어에 약하다. 약한 과목은 매일 꼼꼼하게 예습하면 수업시간에 자신감과 관심도가 쑥쑥 올라간다. 방학을 이용해서 EBS와 같은 인터넷 강의로 공부하는 것도 좋은 방법이다.

📖 오답노트, 이렇게 활용하라

이제 시험기간이다. 평소에 예습과 복습을 착실하게 했다면 크게 걱정할 게 없다. 시험기간이 되면 노트, 참고서, 문제집, 족보, 기출문제 등 공부해야 할 것들이 많다. 이렇게 많은 것들을 하나로 요약한 단권화 노트는 시험 칠 때 효과 짱이다. 이 단권화 노트가 바로 학교에서 쓰는 노트이다. 노트에 남겨둔 여유 공간에는 추가할 내용을 정리한다.

문제를 풀 때는 문제집에 바로 풀지 말자. 답은 항상 다른 곳에 쓰고 채점을 한다. 틀린 문제는 또 틀리기 십상이다. 두 번이든 세 번이든 틀리면 별도로 표시를 해둔다. 시험 준비 마지막에 그런 문제들만 집중적으로 풀면 된다.

오답을 줄이는 방법은 여러 가지가 있다.

우리 아이는 문제집을 풀면서 틀린 부분에 포스트잇으로 표시를 해둔다. 시험 3일 전까지 공부를 다 끝내고, 그때부터는 여러 문제집을 풀면서 틀린 문제만 집중 관리한다. 틀린 문제를 정확히 풀고 난 후에는 포스트잇을 떼어낸다. 이런 과정을 여러 번 반복

한다. 처음에는 과목당 틀린 문제가 몇십 개씩 나오지만 (문제집 권수가 많으니), 세 번 이상 오답 체크를 하면 그 수가 현저하게 줄어 몇 개 남지 않는다.

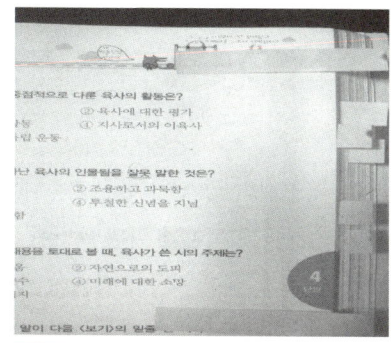

문제집 여기저기에 붙어 있는 포스트잇. 오답만 집중 관리하는 것이 시간을 줄이고 실력도 올리는 길이다.

오답노트를 정리하다 공간이 부족하면 포스트잇을 붙이면 도움이 된다. 포스트잇을 붙일 때는 여기저기 산만하게 붙이지 말고 한쪽(가로든 세로든)으로 붙이면 더 편하다.

오답노트를 정리할 때는 문장으로 다 쓸 필요가 없다. 자신만의 기호를 이용해서 간단하게 표시하면 된다.

또한 왜 오답이 생겼는지 그 이유를 써본다. 게임을 할 때 폭탄이 여기저기에서 나오는 것처럼, 시험문제를 풀 때도 '않는', '없는', '아닌', '모두', '하나만', '두 개를' 등의 폭탄을 바로바로 체크해보자.

그 외에도 오답의 원인은 여러 가지가 있다. 시간 안배를 잘못한 경우(특히 수학), 질문 내용을 끝까지 읽어보고 출제자의 의도를 파악하지 못한 경우, 말 그대로 실수인 경우도 있다.

오답체크나 오답노트를 통해 시험 범위 내의 모르는 문제를 줄여 나가야 한다. 틀린 문제를 또 틀릴 수 있다는 사실을 한 번 더 명심하자.

드라마 〈공부의 신〉에 나왔던
코넬식 필기법이 뭐예요?

A 코넬식 필기란 미국 코넬 대학의 월터 포욱 교수가 학생들의 학습효과를 높이기 위해 개발한 필기법이다. 다음 그림처럼 모두 네 칸에 각 해당 사항을 적는데, 코넬식 필기법에서는 반드시 5R을 지켜야 한다. 기록(Record, 선생님의 수업 내용을 간결하게 적는다), 축약(Reduce, 요점 파악 및 밑줄 긋기), 암송(Recite, 강의 내용을 소리 내서 말한다), 성찰(Reflect, 자신의 견해를 쓰거나 질문을 한다), 복습(Review, 복습은 최소 10분 이상) 등을 잘 지켜야 필기의 효과를 볼 수 있다. 선생님이 써주는 필기 내용을 아무 생각 없이 적는 것에 그치지 않고, 주체적으로 쓰는 것이 코넬식 필기법의 핵심이다.

제 목	
키워드 · 의문점	필기
요약 정리	

122

6

한 방에 끝나는 텍스트 분석

사람은 누구나 높은 산을 보며 올라가고 싶어 한다. 하지만 모두가 그곳에 오를 수 있는 것은 아니다. 공부도 마찬가지다.

돈과 시간을 요구하는 영어라는 고개를 넘으면 고갯마루에서 한바탕 비가 쏟아진다. 지금까지 뿌렸던 그 많은 돈과 시간처럼 말이다. 시원한 바람이 불고 이제 내리막이다 생각하면 다시 수학이라는 높은 오르막이 나온다. 돈과 시간이면 해결됐던 초등학교 때를 돌아보니 그때는 워밍업이나 다름없었다. 머리를 써야 하고 땀띠 나도록 끈질긴 엉덩이 힘이 필요하다. 바로 수학의 산을 넘기 위해서다. 드디어 참고 인내한 덕분에 수학의 산을 넘는다. 상위권이다. 발아래 모든 것들이 장난감처럼 작게 보인다.

이제 산꼭대기가 바로 눈앞에 있는 듯하다. 하지만 고지는 쉽게 자리를 내주지 않는다. 지금까지 만났던 오르막길과는 차원이 완전히 다르다. 몇 시간을 걸어도 별 진척이 없다. 가파르고 바위 투성이다. 바로 코앞에 보이던 꼭대기가 지금까지 올라왔던 것보다 몇 배 더 힘들다. 체력까지 바닥이 난 상태이다. 이 길인지 저 길인지 길마저도 헷갈린다.

마지막 고비를 잘 넘기면 우리가 꿈꾸던 최고 상위권에 도달할 수 있다. 영어와 수학까지 기본기를 탄탄하게 한 아이들에게 국어는 고지를 쉽게 내주지 않는다. 우리말이라고 우습게 보다간 큰코 다친다. 로마가 하루아침에 이루어지지 않듯, 언어영역도 마찬가지다. 해도 그만, 안 해도 그만 별 진전이 없다. 그럼 어떻게 해야 할까?

다양한 책 읽기라는 체력을 밑바탕에 깔자. 이제부터 잡지 하나, 신문 하나를 보더라도 분석적으로 읽어야 한다. 일주일 동안 한자어 50개, 속담 20개, 고사성어 20개, 신문 스크랩 5개, 독서평설 7개에 도전해보자. 몰아서 하면 많은 양이지만 하루에 하나씩 하면 30분이면 해결된다. 속담과 한자어, 고사성어는 자투리 시간을 활용한다. 특히 화장실이나 책상, 신발장 등 눈에 잘 띄는 곳에 두면 효과적이다. 독서평설도 그냥 읽는 것보다 요약을 한다고 생각하면 훨씬 집중이 잘된다.

📖 신문 분석적으로 읽기

인터넷이나 집에서 구독하는 신문의 칼럼을 스크랩한다. 일주일에 5개(주말 빼고 매일 하나씩)씩 해보자. 신문을 노트에 오려 붙이고 분석적 읽기를 시작한다. 처음에는 힘들지만 반복하다 보면 국어 실력이 쑥쑥 올라간다. 이런 훈련을 꾸준히 한다면 수능 언어영역도 두렵지 않다.

먼저 문장이 어떻게 이루어졌는지 살펴보자. 글의 설명 방식에 관한 예를 노트 앞장에 붙여놓고, 문장을 분석할 때 참고한다.

글의 서술 방식과 주제 찾는 연습을 하되, 필자의 주관이 지나치게 강한 칼럼은 피하는 것이 좋다. 또는 상반된 주장의 칼럼을 대조해서 보는 것도 좋은 방법이다.

중심 문장을 찾을 때는 긴 글을 피하는 것이 좋다. 분석적으로 읽다 보면 중심 문장이 무엇인지 바로 알게 된다. 이렇게 중심 문장과 뒷받침 문장을 찾는 훈련이 분석적 글 읽기이다. 분석을 마무리했다면 마지막에는 글의 제목을 정해보자. 다음 글의 본 제목은 '우물 안 펀드'이고, 학생이 글을 읽고 정한 제목은 '우물 안 개구리 한국 펀드'이다. 거의 비슷하게 접근했다. 학생이 분석한 내용을 읽어보고 참고하기 바란다.

| 횡설수설 | 제목: 우물 안 개구리 한국펀드 | **핵심 찾기** |

금융업은 새로운 성장 동력이다. 한때 제조업에서 일본에 밀렸던 미국은 정보기술과 금융업으로 경제 중심축을 회복했다. 우리처럼 외환위기를 겪었던 영국은 1986년 금융 빅뱅으로 재기(再起)에 성공했다. 미국 스위스 호주 싱가포르 홍콩 등 국민소득이 높은 나라일수록 금융이 강하다. 1인당 국민소득 6만 달러인 룩셈부르크는 국내총생산(GDP) 대비 금융산업 비중이 25%로 한국(7.5%·작년 기준)의 세 배를 넘는다.

▷제조업 위주로 성장한 우리는 금융업을 후방산업이나 내수산업 투기산업으로 보는 시선이 남아 있다. 세계 경제는 이미 금융이 주도권을 쥔 '신자본주의(New Capitalism)' 시대다. 세계 GDP 대비 금융자산 비중은 1980년 109%에서 2005년 316%로 껑충 뛰었다. 자산 규모가 급증하고 저금리 기조가 이어지면서 개인들의 자금 운용 패러다임이 예금에서 투자로 바뀌었다. 금융업의 중심은 은행을 통한 간접금융에서 주식이나 채권을 통한 직접금융으로 옮겨 가고 있다.

▷한국은 짧은 역사 속에서도 주식형 펀드가 9265개(미국 펀드평가사 모

닝스타코리아와 자산운용협회의 11월 9일 추계)로 세계 1위에 올라섰다. 하지만 내실은 빈약하다. 펀드 설정액과 운용수익을 합친 순자산 규모가 10억 달러(약 9156억 원) 이상인 펀드는 전 세계 총 1826개 중 30여 개(1.7%)에 불과하다. 미국(57.4%) 유럽(12.1%)에 비해 보잘것없고 캐나다(8.3%) 중국(2.7%) 호주(2.6%)보다도 뒤진다.

▷금융업은 굴뚝 없는 수출산업이다. 스위스의 UBS, 영국의 HSBC 같은 금융회사의 해외 수익 비중은 70%가 넘는다. 자산 규모 세계 20대 기업도 모두 금융기업이다. 과거 한국의 수출 역군들이 전 세계를 무대로 제품을 팔았듯 이제는 자본을 팔아야 하는 시대다. 국내 회사들끼리 시기하고 질투하면서 서로를 깎아내리는 '변방 의식'으로는 진정한 금융 허브가 될 수 없다. 마세에 셋의 특정 펀드에 돈이 몰린다고 색안경을 끼고 보는 것도 우물 안 발상이다.

허문명 논설위원 angelhuh@donga.com

핵심 찾기

금융법은 새로운 성장 동력이다.

세계 경제는 이미 금융이 주도권을 쥔 '신자본주의' 시대이다.

한국은 짧은 역사 속에서도 주식형 펀드가 9,265개로 세계 1위에 올라섰다. 하지만 내실은 빈약하다.

세계를 무대로 제품을 팔듯, 이제는 자본을 팔아야하는 시대이다.

처음에는 부모의 지도가 필요하다. 읽다 보면 전개방식에 혼돈이 올 수 있으므로 전개방식 목록을 노트 앞에 붙여놓자. 신문 사설 체크는 아버지와 하는 것이 좋다. 사회, 정치, 경제 상식들을 설명해주면서 아이와의 관계까지 좋아지는 부수적 효과도 노려보자.

어려운 내용을 읽어야할 때 어떻게 하지요?

공부 스타일
따라잡기 ⑬

A 독서백편의자현(讀書百遍意自見)이란 말이 있다. 책이나 글을 백 번 읽으면 그 뜻이 저절로 이해된다는 뜻이다. 이것이 반복학습의 힘이다. 어렵다는 사실을 인정하고 일단 다시 한 번 꼼꼼하게 읽는다. 읽어도 무슨 말인지 모르면 과감하게 모든 형용사와 부사를 지우고 나머지 문장만 읽는다. 특히 동사와 명사에 집중한다. 한 단락이 끝나면 잠시 멈추고 방금 읽었던 단락을 자기의 말로 요약해서 말한다(물론 글로 쓰면 더 좋다). 여러 번 큰 소리로 읽으면 훨씬 집중이 잘되고 이해도 쉬워진다. 헤맸던 내용은 일어나서 다시 읽는 것도 한 방법이다. 비슷한 종류의 다른 책을 읽어보고, 이해가 되면 다시 설명해본다. 그래도 잘 모른다면 주변 사람들에게 도움을 청하자.

수학을 잘하는 사람은 못하는 사람과 어떻게 다를까? 그 많은 인수분해 공식을 달달 외워서 풀고 미적분을 빨리 푸는 게 수학을 잘하는 것이라고 생각한다면 착각이다. 계산기로 하면 더 정확하고 빠르다. 우리에게 필요한 것은 공식 암기와 빠른 계산 속도가 아니라 창의력과 사고력이다.

4장

과목별
중등 학습법

1 한눈에 보이는 국어 교과서

        공부 방법의 기본은 과목과 상관없이 대부분 비슷하다. 예습과 복습, 수업시간의 집중력, 시험기간 내 문제 풀이와 오답 체크 등이다.

    특히 이과 성향의 학생들이 국어에 약한 경우가 많은데, 방학을 이용해서 미리 예습을 하면 시간적으로 유리하다. 학기 중에는 학교공부와 수행평가, 학원공부 때문에 시간이 부족하다.

    우선 다음에 나오는 '중학교 내신 완전 정복'을 기본으로 해서 내신 공부에 임해보자. 내신 100점 만점으로 가는 길이 그리 멀지 않다.

📖 국어 교과서 야금야금 씹어 먹기

사실 국어가 모든 과목의 기본이라는 말에 이의를 제기할 사람은 거의 없을 것이다. 모든 과목이 다 어렵지만, 국어는 쉬우면서도 난해하고 어느 지점에 이르면 도무지 향상의 기미가 보이지 않는 얄궂은 과목이다. 이 책 3장에 '한방에 끝내는 텍스트 분석'을 수록한 것도 효과적인 학습을 위해서는 독해와 텍스트 분석이 가장 중요하다는 의미에서였다.

다만 국어에 흥미가 없는 학생, 초등학교 때부터 지금까지 국어를 만만하게 보고 공부를 거의 하지 않는 학생, 공부를 열심히 해도 늘 70~80점대에서 헤매는 학생들을 위해 기본적인 사항을 제시하고자 한다.

국어의 기본은 '읽기'이다. 《태백산맥》의 저자 조정래는 《황홀한 글감옥》에서 좋은 글쓰기 비법을 4 : 4 : 2라고 말했다. 4 : 4 : 2란 읽기 4, 읽은 내용 분석하기 4, 글쓰기 2로 시간을 배분한다는 뜻이다. 국어공부를 위해서는 제대로 읽은 후에 심층 분석하는 것이 중요하다는 사실을 일깨워준다.

전교 1등 수재들은 공부 비법으로 하나같이 교과서 반복 읽기를 꼽는다. 그렇다고 무작정 읽으면 될까? 그렇지 않다. 상위 1퍼센트가 말하는 교과서 읽기란 바로 분석적 읽기이다. 그들이 하는 분석적 읽기를 따라가보자.

교과서 본문 분석하기

- 본문을 정독해서 읽는다.
- 단락을 나눈다.
- 단락끼리 묶어 문단별로 나눈다.
- 단락마다 핵심 주제와 문단별 주제, 핵심어를 찾는다.
- 핵심어를 찾아 이들을 가지고 중심문장을 만든다.

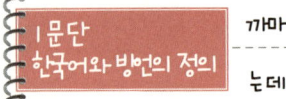 **국어 교과서 분석하기**(실전편)

1문단
한국어와 방언의 정의

까마득한 옛날부터 우리 조상은 고유의 언어를 사용했는데, 이를 일반적으로 한국어라고 하며, 국민의 입장

에서는 국어라고 부른다. 한국어는 오랜 기간에 걸쳐 한민족들이 사용하는 동안에 지역적으로 많은 차이를 나타내게 되었다. 이를 방언 또는 사투리라고 한다. (중략)

2문단
표준어 제정의 필요성과 개념

한 나라에서 사는 사람들끼리 서로 방언 때문에 의사 소통이 안 된다거나 오해가 생긴다면 큰 문제가 아닐 수 없다. 그래서 국가에서는 특정 시대, 특정 지역, 특정 계층에서 사용하는 말을 정하여, 모든 국민이 배우고 쓸 수 있게 하는데, 이렇게 인위적으로 정한 말을 표준어라고 한다.

3문단
표준어의 계급적 조건

우리나라는 "표준어는 교양 있는 사람들이 두루 쓰는 현대 서울말로 정함을 원칙으로 한다"고 규정하였다. 여기에서 '교양 있는 사람들'이라는 말은 계급적 조건을 나타내는 것으로서, '교양없는 사람들'의 말은 표준어가 될 수 없음을 의미한다. (중략)

4문단
표준어의 시대적 조건

'현대'라는 말은 시대적 조건을 나타낸다. 언어는 생명이 있어서 '생성·발전·소멸'의 단계를 거치는데, 이미 쓰이지 않게 된 말은 표준어가 될 수 없으며, 우리들이 살고 있는 시대에 쓰이고 있는 말이 표준어가 된다. (중략)

5문단
표준어의 지역적 조건

'서울'은 지역적 조건을 나타내는데, 우리나라의 수도인 이 곳은 문화, 경제, 정치, 교통의 중심지이기 때문에 여기에서 쓰이는 말이 전국 방언의 대표가 될 만하다고 인정한 것이다. (중략)

_ 중3-1 〈표준어와 방언〉 중에서

- 문단별 핵심어 찾기 : 124~125쪽에 동그라미 표시.

- 문단별 주제 찾기 : 124~125쪽 본문에 표시

- 위 사항들을 바탕으로 하여 각 문단의 중심문장을 써보자.

1문단 :

2문단 :

3문단 :

4문단 :

5문단 :

이 방법을 처음 시도해보는 친구들은 일단 자습서에 나누어진 대로 교과서에 단락을 표시한다. 그다음 표시한 단락을 읽어보고 나름대로 중심 내용을 말해본다. 자습서에 나온 중심 내용과 비교해본 다음 다시 중심 내용을 적는다. 한두 달 연습하면 예전과도 비교도 안 될 만큼 실력이 좋아지고, 글을 읽는 것이 더 이상 두렵지 않을 것이다.

국어 과목을 예습할 때는 '단원의 길잡이'나 '읽기 전에'를 잘 파악해야 한다. 거기에는 꼭 알아야 할 핵심 사항이 잘 요약되어 있다. 특히 학습목표에 초점을 맞춰 공부하면 핵심을 뽑는 데 유용하다. 이렇게 하면 수업시간 전에 초간단 체크만으로도 예습이 충분하다.

고전문학은 지금 사용하는 말(현대어)로 자연스럽게 고칠 줄 알아야 한다. 고전문학은 쉽게 말해 영어 독해나 마찬가지다. 영어를 우리말로 해석하면 문제가 저절로 풀리는 것처럼, 고전문학에 나오는 단어의 뜻을 알면 쉽게 이해할 수 있다.

교과서 활용하는 방법 좀 가르쳐주세요.

공부 스타일
따라잡기 ⑭

A 교과서 본문 내용이 끝났다고 책을 덮지 말자. 본문 뒷부분에는 본문 내용 확인, 보충·심화문제들과 자료들이 한가득 있다. 학습활동, 생각 넓히기, 보충·심화학습을 꼼꼼하게 풀자. 가끔 안 배운 것이 시험에 나왔다고 선생님께 강력하게 항의하는 경우가 있는데, 알고 보면 교과서 곳곳에 숨어 있다. 교과서에서 '~ 말해보자, ~ 답해보자, ~ 생각해보자, ~정리해보자'로 된 부분을 그냥 넘어가면 안 된다. 교과서는 어느 한 부분도 소홀하게 넘기지 말자.
학습활동 문제를 꼼꼼하게 풀어야 하는 또 다른 이유는 진짜 실력을 쌓을 수 있는 기회이기 때문이다. 단순 암기로 해결되지 않는 수능시험에 유용하다. 응용문제나 서술형 문제를 푸는 데도 큰 도움이 된다.

수학,
넌 내 밥이야!

킹카도 약속을 잊으면 말짱 꽝!

수학은 약속이다. 약속은 지키라고 있는 것이다. 사거리에서 '신호등을 지키자' 라는 약속을 지키지 않으면 어떻게 될까? 거리는 순식간에 아수라장으로 변할 것이다. 수학은 '이렇게 하자' 라는 논리적 약속들로 가득 차 있다. 예를 들어 '집합이란 ~라고 하자', '음수란 ~라고 하자', '공집합이란 ~라고 하자', '서로소란 ~라고 하자' 라는 약속들이다. 그 약속을 지키지 않으면 수학 시험 점수는 엉망이 될 것이다.

시험에서는 변명이 통하지 않는다.

"3시가 아니라 4시인 줄 알았어."

"약속 장소가 교보문고가 아니라 스타벅스라고?"

"잠시 착각했나 봐. 헷갈렸어."

아무리 꽃미남 F4라 하더라도 약속을 제대로 지키지 않으면 여자에게 차이는 것은 시간문제다. 잘생겨서 봐주는 것도 한두 번이지, 만날 그러면 곤란하니까! 수학은 온갖 개념과 논리로 구성되어 있다. 그 개념과 논리를 내 것으로 만들지 않으면 백날 해도 헛공부이다.

집합을 예로 들어보자.

집합을 모두 찾으시오.

- 1보다 작은 자연수의 모임

- 현대중학교 1학년의 모임

- 우리 반에서 키가 가장 작은 학생의 모임

- 안경을 쓴 학생의 모임

위 문제의 정답은 모두 집합이다. 집합은 주어진 조건 속에서 그 대상을 분명하게 말할 수 있는 모임을 말한다. 0은 자연수가 아니다. 다시 말해 ① 1보다 작은 자연수는 없으므로 공집합, 즉 집합에 속한다. ② 현대중학교 1학년의 모임이 집합이라는 것은 중학교 1학년 첫 시간에 배우는 것이므로 패스! ③ 우리 반에서 키가 가장 작은 학생의 모임은 집합이다. 물론 키가 작은 학생의 모임은 집합이 아니다. 기준이 없기 때문이다. 하지만 여기에 '가장' 이라는 기준을 추가했기 때문에 가능하다. ④ 안경을 쓴 학생

들의 모임도 집합이다. 원소가 많든 적든 집합이다. 중요한 것은 안경 착용 여부를 구분할 수 있느냐의 문제이다.

여러 가지 유형을 자꾸 푸는 것보다 정확한 약속을 기억하는 것이 훨씬 유리하다. 자, 이 약속을 잘 지키기 위해서는 어떻게 공부를 해야 할까? 일단 수학 개념을 공부한 다음 A4용지에 개념을 정리해본다. 수학문제집을 보면 소단원별 개념 정리가 되어 있는데, 그것을 안 보고도 쓸 수 있어야 한다. 중간에 버벅거리거나 자신이 없다면 미련 없이 다시 시작하자. 수학 개념은 약속이기 때문에 정확히 알고 있어야 한다.

수학시험을 볼 때 시간이 모자라는 경우가 많다. 시간이 모자라는 이유는 문제가 어려워서가 아니다. 개념을 정확하게 이해하지 못했기 때문이다.

📖 창의적 사고를 키워라

수학을 잘하는 사람은 못하는 사람과 어떻게 다를까? 그 많은 인수분해 공식을 달달 외워서 풀고 미적분을 빨리 푸는 것이 수학을 잘하는 것이라고 생각한다면 착각이다. 계산기로 하면 더 정확하고 빠르다. 우리에게 필요한 것은 공식 암기와 빠른 계산 속도가 아니라 창의력과 사고력이다.

현실은 안타깝게도 수리영역 1등급이나 기말고사 100점에 올인할 수밖에 없다. 수학은 대학 입시에나 필요하고 사회에 나와서는 '쓸모없는 놈' 취급을 받을지도 모른다. 하지만 두뇌 개발과 사고력 향상이라는 수학교육의 학습목표를 안다면 지금처럼 공부해서는 안 된다. 단답형 계산문제보다 창의적인 사고력을 요구하는 문제가 늘고 있기 때문이다.

단편적인 지식으로 풀 수 있는 문제는 거의 없다. 다양한 수학 지식들을 제대로 알고 있어야 한다. 그리고 알고 있는 지식 중에서 필요한 것들만 선별해서 다양한 방법으로 문제를 해결하는 능력이 무엇보다 중요하다.

어떻게 해야 어려운 수학 문제를 내 것으로 만들 수 있을까? 문제를 해결하는 방법을 안다면 쉽게 접근할 수 있다.

문제 조건을 그림으로 그리기, 표 만들기, 숨어 있는 규칙 찾기, 문자 대신 숫자를 대입해 구체화시키기, 조건에 따라 조작하기, 간단히 식을 만들어 답 찾기 등도 있다. 또 도형 문제는 보조선을 이리저리 긋다 보면 엉뚱한 곳에서 힌트를 얻기도 한다. 시험을 볼 때 막히는 문제가 나오면 다양한 방법을 동원해서 풀어보자. 모른다고 아무 번호나 찍고 정답을 바라는 것은 로또 당첨을 기대하는 것과 같다.

나의 수준을 정확하게 파악하라

이제부터라도 수학을 제대로 공부하고 싶다면 눈 딱 감고 자존심부터 내려놓자. 우선 '중학교 1학년인데 어떻게 초등학교 5학년 공부를 해' 라는 생각을 버리자.

수학은 나선형으로 한 단계씩 올라간다. 수학을 멀리하는 아이들은 초등학교 고학년만 되어도 이미 '건널 수 없는 강' 앞에 서 있다. 그 차이는 엄청나다. 현재 단계부터 열심히 한다고 해도 가시밭길이 예상되는 것은 뻔하다. 결국 얼마 가지도 못하고 가시에 찔리고 자빠져서 결국 "난 안 돼"라고 포기해버린다. 이럴 때는 다시 돌아가야 한다. 자신의 수준을 정확하게 파악하는 것이 무엇보다 중요하다.

수학 내신이 80점대 이하로 떨어진다면 지금 수준보다 한두 단계 낮춰 공부를 하자. 진도만 쭉쭉 나가는 것은 아무 의미가 없다. 이때 학년 전체를 공부하지 말고, 부족한 부분을 집중해서 공부한다. 멀리 돌아간다고 생각하겠지만, 훗날 그것이 지름길이란 사실을 알게 될 것이다.

수학문제를 보면 매직아이를 보는 것처럼 한눈에 해결방법이 보여야 한다. 식과 답이 줄줄 나와야 그것이 비로소 자기 수준의 문제이다. 답지나 선생님의 힌트로 풀었다면 그 답은 내 것이 아니다. 절대 착각하지 말자. 2~3일 뒤에 다시 풀면 풀지 못하는 경우가 허다하다. 이렇게 틀린 문제를 풀고 또 풀어서 내 것으로 만들어야 한다. 아주 어려운 심화문제가 아니라면 언제나 제한시간 내에 풀 수 있도록 공부해야 한다.

수학시험을 칠 때도 요령이 필요하다. 정해진 시간 안에 풀 수 있도록 평소에 연습한다. 시간만 있으면 다 풀 수 있다는 말이 무슨 소용이겠는가! 자신 없는 수학 공식은 쉬는 시간에 다시 확인하고 시험지를 받는 순간 여백에 즉시 적어 둔다.

문제는 최대한 천천히 두 번 이상 읽는다. 자신이 아는 문제라고 까불면 그 순간 함정에 빠진다. 일단 문제를 어떻게 풀지 결정한다. 만약 자신이 없다면 역으로 계산한다. 거꾸로 수학 문제에 답을 넣어 검산했을 때 답이 맞는지 확인하는 작업도 잊지 말자.

📖 'only 학원', 'only 선행'은 망하는 지름길

자신의 수준에 맞춰 기초 원리부터 차근차근 공부한 다음에 선행을 해도 늦지 않다. 남들이 학원에서 선행학습으로 앞으로 쭉쭉 나가는 것을 보면 왠지 불안하다. 하지만 기본이 없는 상태에서 선행만 하면 어떻게 될까? 10층짜리 건물을 짓기 위해서는 10층 건물을 지탱해줄 기초공사가 필요하다. 원리와 개념을 제대로 공부하지 않고 선행이나 심화학습을 하는 것은 부실공사를 자초하는 일이다. 모래 위에 집을 짓는 것과 무엇이 다른가!

학원에는 좋은 선생님들이 많이 있다. 실력은 물론 학생들과 코드가 잘 맞아 잘 이끌어주는 선생님이다. 그런데 문제는 나의 단점을 훤히 꿰뚫고 가려운 부분을 시원하게 긁어줄 선생님은 없다는 점이다.

화장발도 조명발도 아닌 '학원발'로 당장에는 반짝 효과를 볼 수 있다. 원리와 개념을 강조하는 소수의 학원도 있지만 대부분은 문제 풀이와 선행을 더 강조한다. 기초가 안 되어 있는 상태에서 요령만 배우니 그 순간 반짝하는 것은 당연하다. 선행은 개념 원리를 탄탄하게 이해한 후에만 그 효과가 나타난다. 입소문만 요란한 학원 쇼핑은 이제 그만! 내 돈 주고 다니는 학원 꼼꼼하게 따지고 가자. 학원은 필요할 때만 잠깐씩 전략적인 도움만 받자. 학원이 떠먹여주는 달콤한 맛에 길들여지면 결국 스스로 공부하는 법을 영영 찾지 못할 것이다.

📖 내신 수학 100점 공략법

풀이 노트에 문제 푸는 습관을 들여라

문제집 여백에 문제를 풀려면 공간이 너무 좁다. 제대로 쓸 수도 없고, 연습장에 휘갈겨서 어지럽게 풀 수도 있다. 이렇게 하면 어디가 틀렸는지 찾기도 어렵고, 답을 쓸 때도 오답을 쓸 확률이 높아진다.

문제는 여유 있게 풀고 깔끔하고 넉넉한 자리 확보!

수학 문제를 풀 때는 풀이 노트에 깨끗하게 풀자. 노트를 반으로 접어서 틀린 문제 옆에 풀이 과정을 깔끔하게 정리한다. 반으로 접지 않고 그대로 한 줄로 풀다 보면 한눈에 보기가 어렵고, 중간에 끊어지는 부분이 확실하지 않아 불편하다. 물론 도형 문제는 줄 없는 노트에 푸는 것이 더 효과적이다.

문제와 문제 사이에 여유 공간을 두고, 페이지 수와 문제 번호를 색깔 펜으로 표시해두면 오답이 생겼을 때 다시 찾기가 쉽다.

● 오답과 끝까지 싸워라

틀린 문제를 한 번 풀어보고 다음에는 꼭 맞히면 좋겠지만, 현실은 그렇지 않다. 풀고, 또 풀고, 또 풀어도 틀리는 문제가 나온다. 나만의 표시로 그 문제는 반드시 집고 넘어가자.

헷갈리거나 운이 좋아 맞힌 문제에는 하트, 틀린 문제에는 별표 등으로 표시해보자. 또 틀린 문제를 두 번째에 풀었으면 별 두 개, 세 번째 풀었으면 별 세 개를 표시해둔다. 오답 위주로 문제를 반복해서 풀어보자. 2퍼센트 부족한 수학 실력은 오답이라는 한 놈만 패야 이긴다. 끝까지 패서 이겨라!

● 복습만이 살길이다

첫째, 그날 배운 문제는 그날 모두 해결한다. 본문의 '선생님과 함께', '확인 그리고 한 걸음 더', '연습문제와 보충·심화문제', '단원 평가문제', '수행과제' 등 기본 문제부터 심화에 이르기까지 하나도 빠짐없이 푼다. 교과서 기본문제를 우습게 보고 그냥 넘어가는 경우 실수로 한두 개 틀리기 쉽다.

둘째, 수준에 맞는 문제로 실력을 쌓는다. 우선 문제집을 통해 서술형 문제나 심화·응용문제를 풀어보자. 모든 중학교에서 《개념원리》와 같은 기본 수준의 문제가 출제되는 것은 아니다. 각 지역별로 교육열이 높은 곳에서는 《하이레벨》이나 《A급 수학》 정도의 심화문제집까지 풀어야 하는 곳도 있다. 이런 곳일수록 더욱더 완벽하게 내 것으로 만들어야 한다.

노란 표지의 《3000제》는 질릴 정도로 반복학습을 요구한다. 《3000제》의 경우 다 풀면 무조건 내신 100점이라는 말은 학생들도 대부분 인정한다. 실수를 용납해서는 안 된다. 실수로 인한 점수가 바로 실력임을 깨닫자. '귀신 잡는 해병대가 아니라 실수 잡는 3000제'라고나 할까? 방학 때 예습용으로 공부하고 학기 중에는 오답만 공부해도 괜찮다.

셋째, 오답노트와 선생님이 준 프린트 문제들을 꼼꼼히 훑어본다. 시험 전날에는 교과서에 있는 연습문제만 다시 풀어본다. 수학 교과서를 보면 문제 끝에 이런 말이 나온다. '토론하기', '방법을 설명하라', '생각 나누기', '용어를 설명하라' 등의 문제들은 꼭 설명할 줄 알아야 한다.

이런 문제들을 말로 설명해보자. 입으로 증명하는 연습이 바로 '구술 연습'이자 논리 연습이다. 논리적으로 설명하는 것은 하루아침에 되지 않는다. 공식만 달달 외울 생각을 하지 말고 왜 그런 공식이 도출되었는지 그 과정에 대해 생각해보자. 그런 태도가 몸에 배어 있다면 외고든 과고든, 수능구술면접이든 무서울 게 없다.

수학은 생각만 해도 스트레스입니다.

공부 스타일 따라잡기 ⑮

A 많은 학생들이 수학에 과민반응이나 거부반응을 보인다. 공부를 잘하거나 못하거나 늘 수학이 문제다. 하지만 아무리 힘든 산도 마음먹기에 따라 다르다. 수학을 밥처럼 생각해보자. 우선 하루 세 끼, 거르지 않고 밥을 꼭 챙겨먹는 것처럼 수학도 꾸준히 한 시간 이상씩 한다. 다이어트가 필요하다면 고단백 저칼로리로 끝장을 봐야 한다. 오답도 마찬가지다. 반드시 한판 승부에서 이겨야 한다. 효과가 당장 나타나지 않는다고 포기하지 말고 끝까지 도전해 오답률을 제로로 만들자.

'오늘의 요리'는 냉장고 안에 있는 재료를 최대한 잘 이용해서 맛있게 만들어야 한다. 유효기간이 지난 재료는 아무리 아까워도 쓰면 안 된다. 수학문제를 풀 때에도 조건을 잘 파악해야 한다.

아무리 냉장고 속에 재료가 많아도 손으로 다듬고, 물로 헹구고, 칼로 썰어 요리를 해야 한다. 설마 유기농 채소라고 씻지 않거나, 비싼 재료라는 이유로 그냥 먹지는 않을 테니까. 수학도 눈과 머리로 풀지 말고 손으로 풀어야 한다. 풀이 과정을 논리적으로 차근차근 단계별로 쓰는 습관이 필요하다.

내신 수준별
영어공부법

　　　　　　자유롭게 의사소통을 하기 위해
서는 최소한 네 살은 되어야 한다. 말을 배우는 데는 적어도 1만
1,680시간(8시간×365일×4년)이 걸린다. 모국어밖에 못하는 아동
이 외국에서 의사소통을 할 정도가 되려면 2~3년이 걸린다는 연
구 결과도 있다. 시간으로 따지면 약 8,760시간(8시간×365일×3
년)이다.

　우리나라 영어 공교육(초등학교에서부터 고등학교 시간까지)은 약
736시간 정도이다. 여기서 말하기와 듣기가 200시간 정도 차지한
다. 공교육의 한정된 시간만으로 따진다면, 도리어 영어를 잘하는
게 이상하다. 영어는 이처럼 많은 시간이 걸리기 때문에 어떤 방
식으로든 어릴 때부터 접하는 것이 가장 좋다.

📖 영어 영역별 완전 정복

● 영역별 영어공부법

내신의 장점은 영어의 영역별 기본 공부를 골고루 빈틈없이 하는 가장 좋은 공부법이다.

내신을 따라잡기도 어려운 학생이라면 모든 영역을 따로따로 할 생각은 말자. 교과서를 위주로 공부해도 100점을 따라잡기 힘들다. 교과서 내용으로 듣기를 하면서 받아쓰기를 하거나 읽기를 해보자. 교과서에 나온 구문이나 숙어를 활용해서 일기를 쓰면 더 효과적이다.

듣기 내신 듣기 유형은 정해져 있다. 한번 틀린 유형은 안 들리기 대문에 계속 틀린다. 무조건 많이 듣고 많은 문제를 풀기보다 질적인 능력 향상에 신경 써야 한다. 아무런 계획 없이 무조건 많이 듣는 것에만 치중하다가는 자신이 들을 수 있는 소리만 반복해서 듣게 된다. 아는 문제만 계속 푸는 것과 같다. 틀린 유형 먼저 공략하는 것이 중요하다.

들은 문장은 다시 들으면서 흉내 내어 따라 읽기, 즉 섀도잉(shadowing) 연습으로 이어져야 한다. 원어민 소리 흉내 내어 따라 읽기는 발음뿐 아니라 듣기 실력도 향상시키는 최고의 듣기 방법 중 하나이다.

흘려듣지 말고 정신을 집중해 반복해서 들어야 한다. 온 정신을 소리에만 모으고 긴장해서 듣는 것이 훨씬 효과적이다. 여러 테이프를 일관성 없이 듣는 것보다 하나의 테이프를 완벽하게 끝내는 것이 낫다. 이렇게 들으면서 받아쓰기를 하면 처음에는 시간이 많이 걸리지만, 얼마 가지 않아 실력이 쌓이는 것을 느끼게 된다. 연음현상을 미리 알아두는 것도 큰 도움이 된다.

독해 영어시험에서 독해는 중요한 부분을 차지한다. 독해를 빨리 하기 위해서는 끊어 읽기가 중요하다. 어떤 부분을 끊어 읽느냐에 따라 시간이 단축되기도 하고 늘어나기도 한다. 이때 문법을 바탕으로 작문하는 연습을 하면 끊어 읽기가 훨씬 쉬워진다. 혼자서 끊어 읽기를 하고 싶다면 《쭉쭉 읽어라》(비전)를 추천하고 싶다. 직독 직해를 하는 데 효과적이다.

독해가 되지 않는 이유를 정확하게 알고 대처하자. 모르는 단어가 많아 독해가 힘들다면 단어 암기를 해야 한다. 또 모르는 단어를 유추해서 해석하는 능력도 필요하다. 모르는 단어를 다 찾았는데도 독해가 안 되면 기본문법 공부를 하자. 문장이 길어지고 복잡해지면 주어 동사 구분하기조차 힘들어진다. 긴 문장에서 주어 동사부터 찾지 못하면 직독 직해가 불가능하다. 또 문장을 단어하나 하나로 보기보다 덩어리로 파악하는 것이 중요하다. 해석은 되는데 답을 못 찾는 경우도 있다. 글의 흐름을 파악하는 힘이 부족하기 때문이다.

주제와 중심내용을 찾는 훈련이 필요하다. 영어 지문보다 국어

지문 훈련으로 공부하라. 이런 학생들은 영어뿐만 아니라 국어 지문에서도 헤매기는 마찬가지다. 많은 지문을 읽으면 자연스럽게 글의 흐름을 파악하는 능력이 생기고 배경지식도 쌓이게 된다.

말하기 따라 말하기를 크게 하는 것이 가장 효과적이다. 말하는 게 창피하다면 방문을 잠궈놓고 해보자. 누가 뭐라고 하든 말든 억양과 강세를 연극배우처럼 그대로 흉내를 낸다. 원어민 발음과 비슷하게 될 때까지 한다. 자기 목소리를 녹음하고 그것을 들으며 다시 받아쓰기를 해보자. 발음이 엉망이라면 당연히 받아쓰기가 힘들 것이다. 마지막으로 다시 한 번 원본의 글을 확인해보자. 처음에는 번거롭겠지만 그 길만이 지름길이다.

문법 문법을 문법에 한정하지 말고 쓰기와 읽기 등을 연계하여 공부하자. 문법 문제만 풀지 말고 문법 예문을 여러 가지 문장으로 만드는 연습을 하면 서술형 문제까지 잡을 수 있다.

7차 개정교육 과정 실시 후 서술형 문제가 출제되는 비율이 계속 늘어난다는 점을 명심하자. 학교 서술형 문제는 수업 중 배운 문법을 적용하여 문장을 만들 줄 아는지 확인하는 문제가 출제된다. 문장 만들기 연습은 하면 할수록 배운 문법을 확실하게 내 것으로 다지는 방법인 동시에 쓰기(Writing)의 기본 훈련도 된다. 또 배운 문법이 독해에서 어떻게 활용되는지 확인하고 연습하자.

중학교 1학년이라면 문장 속에 드러나 있는 문법을 자연스럽게 익혀야 한다. 문법은 문장을 이루는 규칙으로써 문장 속에 다 숨어 있기 때문에 영어 책을 읽으면 자연스럽게 알게 된다.

중학교 때 문법공부를 제대로 해두면 수능에서 큰 어려움이 없다. 그럼 어떤 파트부터 공부하는 것이 좋을까? 일단 독해를 하다가 이해가 잘 안 되는 문장들을 모아보자. 20개 정도 쌓이면 어떤 부분에 문제가 있는지 알 수 있다. 문장구조, 접속사, 관용구 등 문법적 지식이 부족한 경우가 많다. 처음부터 문법책을 끝장내려고 무작정 덤비지 말자. 결국 명사만 새까맣게 달달 볶다가 흐지부지되기 십상이다. 명사보다는 동사를 먼저 공부하고, 부족한 부분의 문법이나 현재 배우고 있는 교과서 문법을 중심으로 시작하는 것이 좋다.

쓰기 영어 일기를 쓰자! 우리말로도 잘 쓰지 않는 일기를 영어로 쓰려면 꽤 힘들 것이다. 문법은 엉망이고 내용도 별 볼 일 없겠지만, 영어일기를 쓰면 일단 단어공부가 기본적으로 된다. 문법이고 뭐고 몇 줄이라도 써야 하니 당장 필요한 것이 단어일 것이다. 평소 같으면 어림도 없다. 다 알고 있다고 호언장담해도 막상 써보면 상황은 달라진다. 문장을 쓸 때는 교과서의 문장들을 응용해서 써보자. 그날 배운 문법으로 세 줄 일기 쓰기부터 하자. 그날 배운 문법으로 문장쓰기 연습을 하는 것이 배운 어휘와 문법을 제대로 자기 것으로 만드는 확실한 방법이다.

어휘 어휘를 공부하는 방법에는 크게 두 가지가 있다. 책이나 잡지, 혹은 영상물로 자연스럽게 익히는 방법도 있고, 단어집을 이용할 수 있다. 상황에 따라 두 가지를 잘 이용해보자.

단어는 통문장으로 암기하는 방법이 가장 효과적이다. 영어책을 읽다 보면 주요 단어들을 굳이 외우려고 하지 않아도 자연스럽게 내 것이 된다. 영어책을 읽다가 모르는 단어가 나오면 앞뒤 내용으로 미루어 유추해보자. 모르는 단어가 하나 나왔다고 독해를 하다 멈추면 곤란하다.

일반 단어집을 이용할 경우, 기본 단어만 달랑 외우지 말자. 기본 단어 하나에 파생되는 단어들이 많이 있다. 접두사와 접미사가 붙은 파생어들을 따로따로 공부하는 것보다 더 쉽게 외울 수 있다. 품사에 따라 변형되는 단어를 외운다면 명사, 동사, 형용사 등 여러 가지 단어를 챙길 수 있다. 이처럼 어원을 찾아 공부하는 습관을 들이면 어휘량도 덤으로 많아진다. 단어가 함께 나온 예문까지 외운다면 금상첨화다. 또 단어암기는 스펠링부터 외우기보다 우선 그 단어를 보고 정확한 발음을 하는 것이 우선이다.

하지만 처음부터 단어장의 모든 단어를 모두 외우겠다고 덤비지 마라. 마음은 갸륵하지만 금방 좌절하게 된다. 마치 마라톤을 하는데 처음부터 전력질주하는 것과 같다. 이제 《성문영어》의 앞부분만 새까맣게 손때 묻혔던 슬픈 추억에서 벗어나자. 특히 암기가 쥐약인 학생은 다섯 번이든 열 번이든 반복학습만이 살길이다.

📖 영어 내신 따라잡기

요즘에는 어학연수나 유학을 다녀온 학생들이 많다. 그래서 학교 영어 정도는 우습게 본다. 하지만 어학연수를 다녀왔다고 무조건 영어시험 만점을 맞는 것은 결코 아니다. 어떤 시험이든 100점은 그리 만만한 점수가 아니다. 제발 얕보지 말자. 어학연수 경험만 믿고 내신 공부를 하지 않다가 한두 개 틀리기 일쑤이다.

● 상위 3퍼센트 이내

최소한 고등학교 입학 전에 수능 영어의 수준까지 업데이트하라. 세부적인 문법에 치중하지 말고 독해를 하며 자연스럽게 문법과 어휘를 공부해야 한다. 무엇보다 수능 대비 구문독해 훈련으로 길고 복잡한 문장을 빠르고 정확하게 직독 직해하는 연습이 필요하다.

● 중위권

단계별 계획을 통해 부족한 영어 실력을 올려야 한다. 내신과 약점을 상호 보완하여 병행하는 전략이 필요하다. 이때 중요한 것은 각 목표를 완수할 시기도 함께 계획해야 한다. 중위권의 실수는 '내신 따로, 영역별 공부 따로' 공부하는 태도이다. 교과서 안에 담긴 어휘, 문법, 독해만큼은 완벽하게 내 것으로 만들어야 한다. 그날 배운 문법 예문을 그날의 영작 훈련으로 이어가도록 연습하자. 서술형 영어문제와 영어수행평가에서 좋은 결과를 얻는 비결이다. 또 주의해야 할 점은 주변의 '뭐가 좋더라'라는 식의 분위기에 휩쓸리면 안된다.

● 하위권

오로지 내신 성적 향상을 목표로 시작하자. 이것저것 욕심내기 보다는 먼저 내신을 중심으로 공부계획을 철저하게 세우자. 그날 배운 내용의 필수 어휘, 핵심 문법, 표현뿐만 아니라 교과서 본문을 꼼꼼하게 외우자. 교과서 암기는 내신 만점의 첫걸음이다. 하위권 학생들이 가장 경계해야 할 점은 이 책 저 책 처음만 보다 중도 포기하는 태도이다. 처음부터 끝까지 3번 이상 반복하라.

교과서를 외울 때는 일단 그 뜻을 생각한 다음에 외운다. 다시 말해서 한 문장의 뜻을 이해하고 전체 내용을 마음속에 그리면서 반복하면 자연스럽게 외워진다. 억지로 외우지 말고 읽으면서 외우도록 하자. 이것이 제대로 된 영어공부다.

영어나 국어 등 언어영역에서는 능동적 추론이 중요하다. 제목을 보고 내용을 추론하거나 내용을 보고 소제목을 찾아내는 능력이 필요하다. 뒤에 어떤 일이 일어날지 꼼꼼하게 살피면 숨은 뜻까지 추론할 수 있다.

중학교는 초등학교와 다르게 교과서 종류가 많으니, 가급적이면 교과서와 똑같은 출판사 평가문제집을 활용하도록 하자. 그런 다음 학교 기출문제를 풀면 내신은 거의 완벽하게 커버된다.

　학기 중에는 내신과 기본기에 충실하고, 방학 때는 실력을 한 난세 입그레이드할 수 있도록 집중적으로 공부한다. 영어 실력이 상위권이라면 실력 향상에 초점을 두고, 기본기가 부족하다면 내신에 초점을 두고 공부하면 된다.

입학사정관제에서
영어 점수 잘받는 방법 있나요?

공부 스타일
따라잡기 ⑯

A 입학사정관은 교과서와 관련된 여러 체험활동과 독서, 동아리 활동 등의 창의적인 활동에 얼마만큼 기여했는지를 평가한다.
영어의 경우, 일단 단어 암기와 주입식 문법 위주의 학습에서 완전히 벗어났음을 인식해야 한다. 두세 단어라도 스스로 의사를 전달하는 이른바 '표현하는 영어'와 친해져야 한다. 표현식 영어야말로 입학사정관제에서 원하는 영어공부라고 할 수 있다. '대한민국 영어말하기대회'를 비롯해 각종 대회에 참여해서 자신감을 쌓거나, 원서 읽기를 통해 영어와 친숙해지는 과정을 포트폴리오에 기록하는 것도 좋은 방법이다.

4

능동적으로
과학에 태클 걸기

📖 과학과 재미있게 노는 방법

다른 과목과 달리 과학은 실험이 추가된다. 실험을 하다 보면 별별 학생들이 다 있다. 실험기구를 뽀드득 소리 나도록 씻는 데 시간을 다 보내는 학생도 있고, 뭘 하는지도 모르고 실험 데이터 측정치만 열심히 쓰는 학생도 있다. 실험하는 내내 왔다 갔다 허둥지둥 바쁘게 보내는 친구들도 있다. 이렇게 생각 없이 실험만 하면 아무 소용이 없다. 과학 시간은 비커를 가지고 소꿉장난을 하는 시간이 아니다. "왜 이런 실험을 하지?"라고 시비를 걸어보자. 실험은 항상 개념과 이어져 있다.

실험할 때 어떻게 태클을 걸어야 할까? 실험을 하는 이유와 구체적으로 무엇을 측정할 것인지, 어떤 방법을 이용해서 측정할 것인지, 측정을 하기 위해 어떤 실험도구가 필요한지, 수치로 나온 데이터를 통해 무엇을 알게 되었는지, 실험 결과에 오차가 생기면 왜 그런지 등을 깊이 있게 생각하다. 이런 생각을 하면서 실험에 임하면 굳이 달달달 암기할 필요가 없다.

실험을 하고 나서 마지막으로 우리 생활과 연관시켜 보는 습관을 가져보자. "뭐, 이런 것까지 해야 하나?"라고 생각할 수도 있다. 하지만 특목고나 수능에서 이런 것들을 바탕으로 수리논술이 출제된다는 것을 기억하자.

지식은 지식일 뿐이다. 날마다 만 원짜리 돈다발을 지문이 닳도록 주물럭거리는 은행원도 내 것이 아닌 돈은 십 원짜리 한 푼도 건드릴 수 없다. 수능이나 특목고 입시에 나오는 창의력 문제는 주변과 연관시켜 생각할 것을 요구한다. 즉 입시에서는 은행 금고에 있는 돈다발이 아닌 바로 꺼내 쓸 수 있는 내 지갑 속 돈을 꺼내보라고 요구한다.

이런 훈련을 위해 '창의적 사고력'이란 이름의 강좌가 학원에서 운영되고 있다. 이 학원들은 일반 내신형이나 입시형 학원보다 훨씬 더 비싼 학원비를 요구한다. 찜해둔 물건이 마트에서 '75퍼센트 초특가'라고 하면 얼른 쫓아가서 사 올 것이다. 평소 태클걸 기식의 창의적 과학공부를 하면 100퍼센트를 얻을 수 있다. 평소에 과학 관련 책들을 많이 읽어두자. 결정적인 순간에 큰 힘이 될 것이다.

📖 그림과 그래프 분석하기

여자는 바람둥이 남자한테 잘 끌린다. 이유가 무엇일까? 여자들은 작은 배려에 감동을 잘한다. 바람둥이들은 경험이 많아서 여자들이 어떤 것을 좋아하는지 잘 안다. 듣고 보지 않아도 여자들의 눈빛, 손짓, 표정, 자세만 봐도 귀신같이 그 마음을 읽어낸다. 스쳐 지나가는 말 한마디도 잊지 않고 기억해두었다가 감동으로 이끌어낸다. 인기남의 비결은 바로 이런 관찰력에 있다. 이 점이 착한 남자에게 부족한 2퍼센트이다. 결국 착하기만 한 남자들은 마음만은 진심이고 열렬히 사랑하지만 여자의 마음을 얻지는 못한다.

관찰력은 연애뿐만 아니라 공부하는 학생에게도 필수이다. 과학뿐만 아니라 사회에서도 그림이나 사진, 그래프가 많이 나온다. 하지만 지나가는 개 쳐다보듯 건성으로 넘어갈 때가 많다. 정말 죽어라고 공부해도 성적이 오르지 않는 학생이 있다. 옆에서 보기 안타까울 지경이다.

중하위권 학생들은 그래프나 도표들을 무시한다. 심지어 이런 그래프와 도표들이 자리를 차지하기 때문에 공부할 부분이 적다며 좋아라 한다. 하지만 상위권 학생들은 그림의 제목을 정확하게 기억하고, 그것을 통해 그 의미를 파악해서 자기 것으로 만든다.

이제부터 그림, 사진, 그래프나 지도가 나온다면 그냥 버스 보내듯 하지 말고 '이젠 넌 내 밥이야'라는 마음으로 째려보고 또 째려보자. 한 개의 그래프는 글보다 더 많은 것을 담고 있다. 할 수만 있다면 그래프를 반복해서 따라 그려보고 그 의미를 찾아내는 연습을 해보자.

그런 다음 목차를 중심으로 핵심 개념을 정리하고, 그것을 뼈대 삼아 살을 붙여나간다. 이렇게 공부하면 두 가지 장점이 있다. 전체와 부분을 보고 중요도를 파악할 수 있고, 정보가 들어가는 머릿속 서랍이 잘 정돈된다. 열심히 외웠지만 시험을 볼 때 어디에 있는지 찾아내지 못한다면 곤란하기 때문이다.

📖 생활형 과학공부

일상생활 속에서 과학에 관심을 가지면 공부가 훨씬 흥미로워진다. 〈과학동아〉를 구독하거나 '사이언스 올'과 같은 과학 사이트를 활용해도 좋다. 주말에 전시회나 과학관에 가거나 과학 이벤트에 참여하면 스트레스도 풀고 과학적 지식과 재미도 얻게 된다.

이렇게 공부하면 과학이 쉬워진다. 결과의 원인을 생각하면서 실험하고 분석하고 이해하기 때문이다. 지금까지 무작정 줄 쳐가면서 외우고, 원리도 모른 채 문제집만 잔뜩 풀었을 것이다. 그리고 시험지를 받아보면 공부는 많이 했는데 도통 답이 생각나지 않는다.

수업시간에 집중하면 수행평가의 어떤 요인이 플러스 점수를 받게 되는지 알 수 있다. 수행평가는 실험 과정과 보고서를 통해 평가하는 경우가 많다. 당연히 실험 순서, 결과와 의미를 제대로 알아야만 좋은 성적을 받을 수 있다. 더불어 원리 위주로 공부를 하니 외울 것도 줄어든다.

| 재미있는 과학 도서 읽기 |

도서명	맛보기
꼬르륵 뱃속 여행	이 책은 책 읽기 좋아하는 초등 고학년부터 권장한다. 책에 관심이 없는 중학생도 재미를 느끼고 푹 빠지게 하는 과학 시리즈물이다. 과학적 흥미와 재미를 갖기에 딱 좋은 책이다. 처음에는 재미로 키득키득, 두 번째 읽을 때는 과학 지식에 고개를 끄덕거리게 만든다.
노빈손 시리즈	책을 싫어하는 중학생들도 재미있게 읽을 정도로 쉽고 재미있다. 노빈손 시리즈는 책 구석구석에 과학 지식과 정보가 숨어 있다. 여기저기 꼼꼼하게 읽다 보면 살이 되고 피가 된다는 말씀!
개미, 나무	한 번 빠지면 마니아가 될 정도로 매력적인 과학 공상 소설이다.
고릴라는 핸드폰을 미워해	우리 주변에서 일어나는 환경문제를 구체적인 예를 통해 쉽게 설명해준다. 아름다운 지구를 지키는 20가지 생각들이 담겨 있는 책이다.
정재승의 과학 콘서트	오래된 책이지만 다시 읽어도 쉽고 재미있다. 머피의 법칙 같은 일상생활 속의 일들을 과학적으로 증명한다.
하리하라의 생물학 카페	아름다운 여인상 갈라테이아를 만든 유명한 조각가 피그말리온을 비롯해 신화에 나오는 36가지 생물학 이야기이다. 더불어 '인공 생명'을 연상하는 식으로 쓰여져 읽는 재미를 더해준다.
요리로 만나는 과학교과서	엄마와 두 딸의 흥미진진한 과학 수다방이다. 주방을 과학 실험실로 뒤집어버린다. 중학교 과학 교과서의 주요 개념들이 부엌에서 데굴데굴 굴러다닌다.
과학동아, 뉴턴	과학잡지 〈과학동아〉는 내용면에서 깊지는 않지만 다양한 과학 분야를 폭넓게 이해하기에 좋다. 생물학 쪽으로 약간 치중된 경향이 있다. 과학을 쉽게 접하고 싶다면 〈과학동아〉, 지구과학을 깊이 있게 알고 싶다면 〈뉴턴〉을 권한다.

과학은 문제를 많이 풀어도
점수가 왜 안 오르죠?

공부 스타일
따라잡기 ⑰

A 과학은 문제를 많이 푼다고 점수가 쉽게 올라가는 과목이 아니다. 시험에서 맞힌 문제라도 그 개념과 원리를 알지 못하면 비슷한 유형의 문제에서 틀리는 경우가 많다. 2010년 초중고 내신시험이 단답형 문제에서 서술형으로 바뀐 만큼 초중고 학생들은 학교에서 하는 실험 외에도 가정에서 할 수 있는 간단한 실험을 통해 개념을 확실히 이해하고 넘어가는 것이 좋다. 기출문제를 풀면서 시험에 자주 나오는 그래프나 도표에도 신경을 써야 한다. 학년이 올라갈수록 어려운 용어가 많이 등장한다. 영어 단어나 한자를 공부하는 것처럼 과학용어를 그때그때 이해하고, 모를 경우 책을 찾아보는 습관을 들이자.

5

사회 공부,
아직도 암기하니?

📖 나무를 보지 말고 숲을 보자

사회는 우리의 생활과 관련된 모든 것을 담고 있다. 2009 개정 교육과정부터 점점 단순 암기로 푸는 문제가 줄어들고 배운 지식과 정보를 창의적으로 활용해야만 풀 수 있는 문제가 점점 늘어나는 추세이다. 또한 서술형 비중이 전체 배점의 절반 이상을 차지한다. 학습단원의 정확한 개념 정리와 전체적 흐름의 이해, 풍부한 배경지식이 있어야 풀 수 있는 문제가 주로 출제된다.

전체 큰 흐름을 잡기 위해서는 학습할 단원을 사회 교과서를 통해 가볍게 읽자. 3번 정도 반복하면 전체 흐름을 이해하는 데 도움이 되고 서술형 평가에도 능동적으로 대처할 수 있다. 서술형 평가에 대비해서 자신의 생각을 글로 표현할 수 있는 능력이 요구

됨을 명심하자.

📕 암기는 마인드맵과 지도로

마인드맵을 이용하면 전체와 부분이 그물처럼 연결되기 때문에 한눈에 전체를 파악할 수 있다. 예습 단계에서는 각 요소들이 어떻게 이루어져 있는지 살펴볼 수 있고, 공부를 한 후에는 전체를 자기 식으로 마무리할 수 있다.

예비 중1을 대상으로 사회 교과서를 읽고 마인드맵을 해보았는데, 그 결과 전체를 보는 안목이 자연스럽게 길러졌다. 특히 아주 세부적인 지식적 파편에 목숨을 거는 여학생들에게 강력 추천한다.

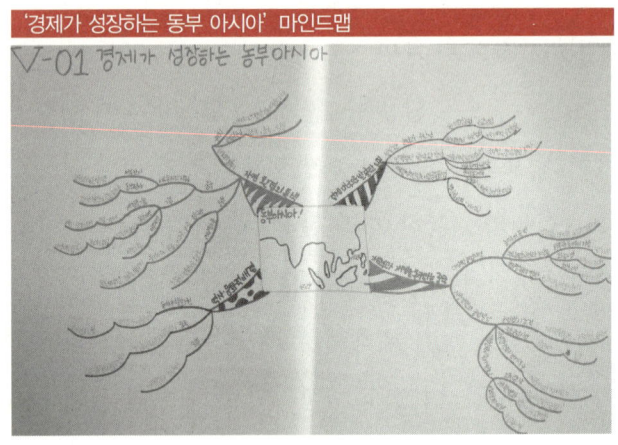

'경제가 성장하는 동부 아시아' 마인드맵

한국사와 세계사는 따로국밥이 아니다. 세계 역사라는 거대한 흐름 속에서 한국 역사도 맞물려 있기 때문이다. 예를 들면 "임진 왜란은 왜 일어났을까?"에 대해 생각해보자. 전쟁의 회오리 속에서 인접 나라의 역사들을 파악하는 것은 대단히 중요하다. 국사나 세계사는 특히 시대를 통합해서 꿰뚫는 안목이 필요하다. 교과서 뒤를 보면 연대표가 나오는데, 같은 시기에 여러 나라에서 무슨 꿍꿍이가 있었는지 알 수 있다.

사회 교과서에는 지도가 수두룩하다. 특히 지리 부분에서는 지형적인 특징이나 위치 등에 익숙해져야 한다. 우리나라 산맥과 강들의 위치를 한석봉 엄마가 불 꺼놓고 떡 썰듯 그릴 줄 알아야 한다. 우리나라뿐만 아니라 세계의 산맥과 강의 위치를 알면 훨씬 공부하기 편하다. 지도에서 4대 문명의 발원지를 보면 이해가 더 쉽다. 날씨(기후)도 좋고, 강을 끼고 있으니 먹을 것 걱정을 안 해도 되고, 무역하기에도 용이하여 살기 좋은 곳임을 한눈에 알 수 있다.

시험기간까지 진도를 맞추지 못해 선생님이 시험범위를 확 줄어주었다고 하자. 이는 학생 모두가 누리는 혜택이다. 아마 아이들의 환호성에 놀라 교장선생님까지 쫓아올 만큼 교실은 축제 분위기가 될 것이다. 하지만 지도 공부를 제대로 하는 소수의 아이들만 고득점을 올릴 수 있다. 암기해야 할 분량이 반 토막으로 줄어들기 때문이다.

책상 앞에 연예인 사진 대신 지도를 붙여보자. 그림과 지도는 교과서 본문 내용의 요약본과 마찬가지다. 본문을 제대로 이해해야 그림과 지도가 갖는 의미를 파악할 수 있기 때문이다. 지도나 그림에 대한 제목과 핵심 문장을 익혀두면, 2퍼센트 부족한 사회 점수를 올릴 수 있으니 오늘부터 시도해보자.

교과서만으로는 전체적인 흐름과 인과관계를 100퍼센드 이해하기가 어렵다면 참고도서를 읽어보자. 참고도서를 읽는 것은 뼈대에 살을 붙이는 일과 마찬가지다. 예비 중1 겨울방학처럼 시간이 많을 때 역사 관련 책들을 읽는 것이 좋다. 스트레스 해소용이라면 만화책《먼나라 이웃나라》를 적극 추천한다.

그 밖에 추천도서로는《교양 있는 우리 아이를 위한 세계 역사 이야기》,《앗, 이렇게 생생한 역사가 시리즈》,《거꾸로 읽는 세계사》,《나의 문화유산답사기》,《한국 생활사 박물관 시리즈》 등이 있다.

● **지도와 그림을 활용한 사회공부 (실전편)**

신항로 개척

교과서 지도를 한 번만 제대로 챙겨보자. 이 지도는 '신항로 개척'을 보여주고 있다. 마젤란과 콜럼버스가 어떤 항로로 이동했는지, 콜럼버스에 의해 알려진 지역이 어디쯤인지 알 수 있다.

시험문제에는 화살표가 복잡하게 나와 있는 지도가 나오기도 한다. 예를 들어 오른쪽과 같은 지도가 나오면 '게르만족의 이동'임을 알아야 한다. 1차적으로는 '게르만족의 이동'임을 묻는 문제가 나온다. 뿐만 아니라 '게르만족의 이동'과 관련된 여러 지식을 알아야 풀 수 있는 문제나 이를 바탕으로 통합적

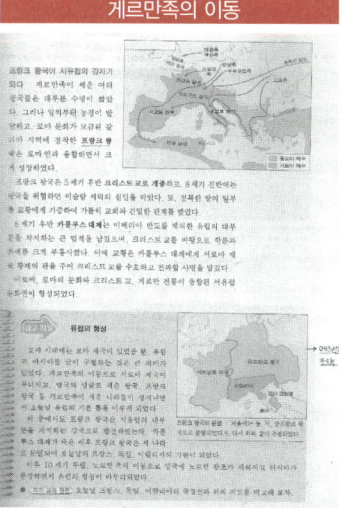

사고를 요구하는 문제가 등장하기도 한다. 단순하게 지도의 의미만 안다든지 '게르만족의 이동'에 대한 지식만 알고 있다면 정답을 찾을 수 없다.

오른쪽 그래프 자료를 보면 산업혁명으로 영국의 사회구조에 어떤 변화가 생겼는지 알 수 있다. 즉, 인구 변화가 특정 시기와 지역에서 급격하게 차이가 난다.

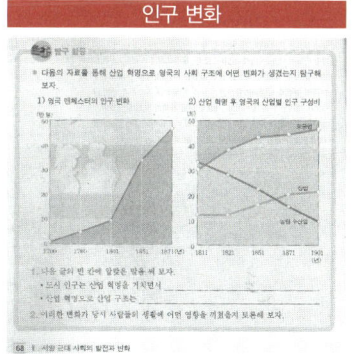

이처럼 자료나 표를 볼 때는 특정 변화를 통해 어떤 영향이 일어났는지 파악할 수 있어야 한다.

책 여기저기를 보면 그림이나 사진들이 많이 나온다. 절대로 그냥 넘기면 안 된다.

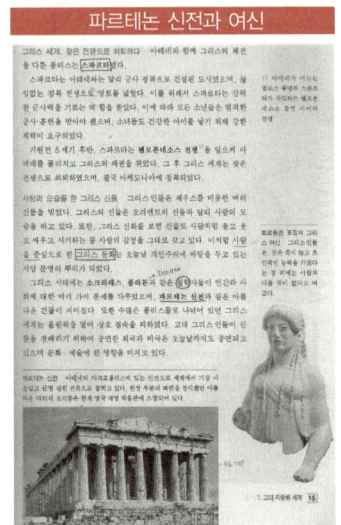

예를 들어 책에서 파르테논 신전과 여신의 모습이 나왔다면, 이 사진들을 보고 그리스 시대임을 알 수 있어야 한다. 시험에서는 사진 한 장만 달랑 보여주고 그 시대에 대한 문제가 나오기도 하니, 평소에 정확하게 파악해두어야 한다.

📖 예습 · 복습 키포인트!

일단 학습목표를 통해 무엇을 공부해야 하는지 살펴보자. 그 다음 큰 목차와 소제목을 기본 틀로 잡고 도표와 지도를 통해 핵심 포인트를 찾는다.

첫째, 예습으로 교과서를 읽을 때는 큰 흐름을 염두에 두면서 읽는다. 예를 들어 주술관계를 염두에 두고 읽으면 이해가 쉽다. 주어에 해당하는 '~은(는)'과 서술어에 해당하는 '~다'를 찾아 밑줄을 긋는다. 그 두 부분을 연결하면 내용이 한눈에 들어올 뿐만 아니라, 개념 파악도 쉬워진다.

둘째, 수업시간에 선생님이 지도와 도표, 그림과 사진에 대한 설명을 할 때 특히 집중하자. 이때 전체 이해를 돕기 위해 다양한 배경설명을 해주니 놓치지 말자. 쉬는 시간에는 관련 소제목과 필기 노트를 보면서 마무리한다.

셋째, 필기를 할 때는 형광펜으로 표시하는 것이 좋다. 그 이유는 나중에 효과적인 복습을 하기 위해서다. 중요한 것을 알기 쉽게 파악하기 때문에 시간이 단축된다. 그래서 사회책은 너무 깨끗한 것도, 너무 많이 밑줄을 긋는 것도 문제다.

형광펜을 효과적으로 사용하려면 한 번 이상(어려운 내용은 2~3번) 먼저 소리 내서 읽고 핵심을 확실하게 파악했을 때만 밑줄을 긋는다. 주기적으로 읽기를 멈추고 다시 형광펜을 사용할 문장을 찾는다. 핵심과 근거를 정확하게 구분하면 비판적 사고까지 키울 수 있다. 형광펜의 사용은 책의 10퍼센트를 넘기지 않도록 하자. 그 이상이면 내용을 제대로 소화하지 못했다는 증거다.

넷째, 교과서에 나오는 용어의 개념을 제대로 정리하자. 이 개념들이 주관식으로 출제되는 경우가 많다. 특히 남학생들은 덜렁거리다 맞춤법을 틀리는 최악의 상황까지 겪는다. 초등학교 때 버릇을 버리지 못한 학생들은 중학교에 가서도 여전하다. 프린트까지 복습한 뒤에 충분히 이해하고 줄줄 외울 정도로 공부한다.

다섯째, 요약 정리에 들어가보자. 전체 단원의 큰 목차와 소제목별 목차를 써본다. 그런 다음 소제목 아래에 다시 한 번 내용을 정리한다. 놓치기 쉬운 교과서 읽기 자료와 심화과정도 꼭 확인하는 습관이 필요하다. 예를 들어 자료 분석 활동, 토의 활동, 좀 더 알기 등을 살핀다. 이런 부분에서 뒤통수를 맞지 말자.

📖 프린트 챙기기는 내신 관리의 기본

내신 관리 중에 소홀하기 쉬운 것이 바로 프린트물이다. 수업 시간에 보충자료로 주는 프린트를 관리하는 자세만 보아도 학습 태도와 성적을 짐작할 수 있다. 특히 사회나 국사 같은 과목은 보충자료가 많다. 보통 빈칸 채우기나 서술형 문제들이 있는데 이것을 무시하는 경우가 많다. 내신과 바로 연결되니 꼭 체크해서 풀어보자.

어떤 과목이든 프린트물이 계속 쌓이면 한 번에 몰아서 벼락치기로 공부하기 어렵다. '날 잡아 해야지' 라고 생각하다가는 큰코다친다. 사회뿐만 아니라, 다른 과목 프린트물들도 그때그때 복습하고 공부하자. 시험 전에는 틀린 것과 오락가락하는 것들만 체크해서 본다.

보관할 때는 노트 사이나 교과서에 붙여두지 말자. 처음에는 한두 장이라고 대수롭지 않게 생각하지만, 금세 눈처럼 쌓인다. 정작 필요할 때 여기저기 뒤지기에 바쁘다. 프린트를 보관할 때는 과목별 파일에 정리한다. 교과서에는 프린트의 쪽번호를 쓰고, 프린트에는 교과서 쪽수를 적어두면 찾기가 쉽다.

사회 서술형 문제가
너무 어려워요.

A 서술형 문제의 비중이 2010년 30퍼센트 이상, 2011년 40퍼센트 이상, 2012년 50퍼센트 이상으로 단계적으로 확대되었다. 단답형 문제를 다 맞혀도 서술형 문제에서 점수가 깎이면 15~30점 감점은 한순간이다. 사회 서술형 문제는 교과서에 나오는 핵심 어휘를 알아야 풀 수 있는 문제들로 출제된다. 하지만 핵심 어휘 하나에서 그치지 말고, 그것을 설명하는 앞뒤 문장 자체를 이해하고 통으로 암기하는 것이 효과적이다. 특히 역사 부분은 역사의 흐름을 이해하고 암기해야 응용능력이 생긴다. 선생님이 반복해서 설명해주는 개념이 서술형 문제로 출제될 가능성이 높다.

성공하는 사람들에게는 공통점이 있다. 그들에게는 이루고자 하는 확고한 목표가 있고 그 목표를 향한 강한 의지가 있다. 명문대에 입학하는 학생들은 머리만 좋은 게 아니라, 목표를 향한 열정과 의지가 투철하다. 힘들어도 목표를 정해 끝까지 가는 사람이 마지막에 웃을 수 있다.

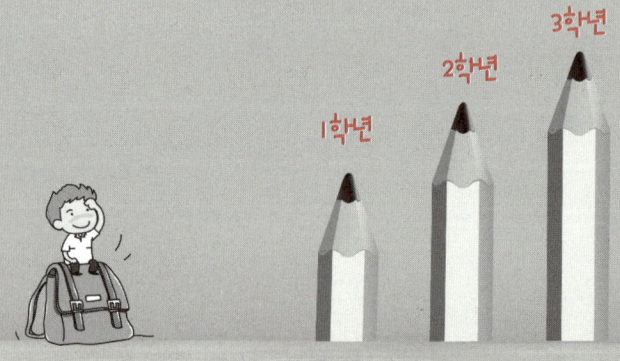

5장

명문대를
준비하는 학습법

목표 설정,
수능 성공의 내비게이션

📖 문제는 바로 실천력!

사람은 누구나 무엇이든 잘하고 싶고 인정받고 싶어한다. 반장 선거 전날, '내일 반장선거에서 꼭 반장이 되었으면 좋겠다' 라고 생각하는 친구는 몇 명이나 될까? 일기 검사 결과 모든 아이들이 다 반장이 되길 원했다. 공부 잘하는 아이들은 물론이고, 내성적 이고 공부도 못하는 아이에서 심지어 사고뭉치들까지도…….

중학교에 가면 누구나 '공부를 열심히 해야지' 하고 굳게 마음을 먹는다. 그럼에도 결과에서 차이가 나는 이유는 무엇일까? 문제는 실천력이다. 목표를 세우고 실천을 할 때는 중요한 것부터 해야 한다. 급하다고 허둥거리면 어떻게 될까? 세준이의 일기를 한번 읽어보자.

오늘은 다른 날보다 해야할 일이 많다. 아니 이번 주말까지……

취직 준비로 우리 집에 있는 사촌형이 관리실에서 택배 찾아오라고 문자를 날렸다. 만날 나만 시켜~ 우씨~ 그래도 마음 통하는 학원 친구가 생겨 기분이 좋다. 네이트 친추(친구 추가)해야지. 참, 누나 부탁도 있다. 얼마 전 여행 가서 찍은 사진을 포토샵으로 수정을 해달란다. 얼굴은 도자기 피부로, 일자 허리를 S라인으로, 알통 다리를 명품다리로 말이다. 이렇게 하면 완전 사기지만 누나가 용돈을 준다니까 해야지. ㅋㅋ 수요일까지 해야 할 영어 수행평가를 생각하니까 갑자기 머리가 아프다. 영작 숙제는 언제 다 하지? 헉! 학원 수학시험도 이번 주 금요일이잖아!

우선순위 정하기

세준이는 할 일이 참 많다. 택배 찾기, 네이트 친추하기, 포토샵 작업, 영어 수행평가, 수학시험 준비 등 어떤 것부터 해야 하는지 말해보자.

그렇게 정한 근거는 무엇인가? 한정된 시간 안에 해야할 일이 많다면 중요도와 급한 정도에 따라 순위를 정해야한다.

자, 이번에는 여러분들이 해야할 일의 우선순위를 정해보자.

- 현재 가장 중요하고 급한 일 :

- 중요하지만 급하지 않은 일 :

- 급하지만 중요하지 않은 일 :

- 중요하지도 급하지도 않은 일 :

상위권 학생들은 목표를 정한 뒤에 계획을 세운다. 보통 학생들도 마찬가지다(계획이 어설프거나 자기 수준과 맞지 않아도). 문제는 바로 실천력이다. 그런데 상위 1퍼센트 학생들은 목표치를 가지기 위해 아무리 힘들어도 참고 노력한다. 하지만 보통 학생들은 며칠 가지 못해 목표가 짐으로 느껴진다. 버거워서 낑낑거리고 스트레스를 받는다. 그러다가 결국 '해도 그만, 안 해도 그만'이라는 식으로 자포자기하고 만다.

📖 목표도 꿈도 없이

한번은 대학교 강의가 끝나고 학생들과 꿈에 대한 이야기를 나누었다. 한 학생이 졸업만 하면 자신의 꿈을 위해 다시 시작하겠노라고 말했다. 지금 다니고 있는 학과는 부모님과 선생님이 정해준 것이기 때문이란다. 지금까지 보낸 4년이라는 귀한 시간과 비싼 등록금은 단지 졸업장을 위한 것이었다고 한다. 학과를 정할 때 자신이 무엇을 좋아하고, 어떤 것을 하고 싶은지도 몰라 시행착오를 겪는 학생들이 대한민국에 얼마나 많을까?

부모님의 뜻이든 점수에 맞춘 것이든 잘못은 당사자에게 있다. 말 그대로 생각이 없는 사람이다. 그들은 하나같이 "그냥 되는 대로 살면 되지, 뭐", "왜 목표가 필요해?", "목표 없이도 지금까지 잘 살았거든" 하고 말해왔다.

한 법대생은 완고한 아버지가 법대를 원했기 때문에 왔을 뿐,

자신의 의지와는 상관없는 일이라고 했다. 졸업만 하면 아버지의 꿈을 이뤄드린 셈이니, 그다음부터는 자기가 정말 하고 싶었던 그림을 그릴 거라고 말했다. 그 학생을 보면서 마음이 아팠다. 인생은 누구를 위해 살아주는 것이 아니다. 내 인생의 주인공은 바로 나다. 사람들은 왜 목표를 세우지 않을까? 왜 제대로 실천하지 못할까? 그들이 목표를 제대로 실천하지 못하는 이유가 있다.

● 목표를 실천하지 못하는 이유

첫째, 목표가 왜 중요한지 모른다. "그게 뭔데?"라고 되묻는다. 목표가 생기면 일단 내 인생의 나침반과 지도를 손에 쥐는 것이다. 힘들 때 그 목표를 생각하면서 새로운 힘이 생기기 때문이다.

둘째, 실패에 대한 두려움이 목표를 정하는 방해꾼이 되기도 한다. 사람들은 누구나 실패를 두려워하지만, 그 두려움을 이기는 자가 진짜 성공한다.

셋째, 멋진 목표는 있지만 시간과 노력을 쏟지 않는다. 그저 쉽게 얻으려고만 한다. 하지만 세상에 공짜란 없다. 대가 없이 얻어지는 건 아무것도 없다.

넷째, 눈앞에 유혹을 만나면 목표가 산산이 부서진다. 예를 들면 학교 홈페이지의 시험자료를 확인하기 위해 컴퓨터를 켰다고 하자. 바탕화면의 게임 아이콘을 보고 아무 생각 없이 클릭을 하고, 결국 밤새 게임 속으로 빠져버린다. 또 공부하다가 물을 마시려고 부엌에 갔다가 거실에 앉아 습관적으로 리모컨을 잡는다. 앗

싸! 표정이 가관이다.

그때부터 시간 가는 줄 모른다. 리모컨을 이리저리 돌리며 킬킬거린다. 엄마의 경고 사이렌이 울려야 정신을 차린다(잘 생각해보자. 우리는 타인의 목표를 위해 얼마나 많은 시간을 허비해왔는지……. 게임개발자의 목표나 방송국의 시청률을 위해 소중한 시간을 써버린다).

제발 누군가의 희생양이 되지 말자. 목표가 불분명한 사람은 목표가 분명한 사람의 희생양이 된다는 사실을 항상 명심하자.

📖 목표는 왜 필요한가?

성공하는 사람들에게는 공통점이 있다. 그들에게는 이루고자 하는 확고한 목표가 있고 그 목표를 이루기 위한 강한 의지가 있다. 성공하는 사람들은 머리가 좋은 사람이 아니다. 힘들어도 목표를 향해 끝까지 가는 사람이 마지막에 웃을 수 있다.

목표와 세부계획까지 세우고 시간과 자기 스스로를 컨트롤하자. 그렇다고 당장 코앞에 있는 단기 목표와 계획에만 연연하면 안 된다. 이것은 정확하게 어디로 갈지 정하지도 않고 갈팡질팡 핸들을 바쁘게 돌리는 것과 같다. 헤매지 않고 길을 찾아가기 위해서는 자기만의 목표를 확실히 정해야 한다. 유혹과 고난이라는 인생의 빨간 신호등에 걸려 멈추지 말자.

우선 목표를 눈에 가장 잘 띄는 곳에 붙여두자. 긍정적인 생각과 간절한 믿음이 합해지면 울트라 파워가 생긴다. 그 강력한 힘이 결국 원하는 것을 얻게 만든다.

● 꿈을 이루는 목표 만들기

첫째, 눈에 보이는 곳에 목표를 붙여라.

예를 들면 "나의 목표는 ○○대학교 ○○학과 ○○○이다", "나는 최고의 로봇엔지니어이다"라는 목표를 책상, 화장실, 수첩, 노트 앞에 붙여둔다. 중요한 것은 항상 1인칭 현재형의 긍정문으로 쓴다.

둘째, 꿈의 목록을 만들어라.

내가 원하는 것을 자료로 모아서 스크랩북을 만든다. 기존 사진에 포토샵으로 합성해 진짜처럼 만들면 더욱더 효과적이다.

셋째, 목표를 자주 체크하라.

몸에 항상 지니고 다닐 수 있으면 더 좋겠다. 잊지 않기 위해서이다. 인생의 목표를 가능한 자주자주 확인하자.

넷째, 짜잔! 상장 수여식을 해라.

목표를 다 이뤘다면 상을 준다. 누가? 바로 내가 나 자신에게 수여한다. 목표량을 채웠으니까 게임이나 만화를 본다든지 밖에서 친구들과 농구를 한다든지, 여유있게 음악을 듣는 등 상을 주자.

다섯째, 목표 달성 실패라고? 벌칙! 옐로카드~

목표를 이루지 못했다면 당연히 벌칙이 있어야 한다. 주말에 영화 안 보기, 텔레비전 30분 줄이기, 게임 시간 줄이기 등등.

| ○○의 목표 세우기 |

기 간	목 표	해야 할 일
장기 (10~20년)		
중기 (3~10년)		
단기 (1~3년)		
초단기 (1~12개월)		

중학교 때부터
대입을 준비해야 하나요?

A 불행하게도 우리나라의 모든 교육은 '대학 잘 가기'에 초점이 맞춰져 있다. 아무리 인성이 바르고 상상력이 풍부한 학생이라도 학과성적이 나쁘면 좋은 대학은 물론 좋은 직장에도 갈 수 없다는 사실은 이미 불문율이 되어버렸다. 하지만 중학교 때부터 수능을 준비할 필요는 없다.

단, 교육방침의 변화에는 늘 촉각을 곤두세우고 있어야 한다. 중학생으로서 꼭 대입을 준비하고 싶다면 현재 거론되고 있는 실용영어 확대 방침과 입학사정관제에 관심을 갖는 것이 좋겠다. 더불어 꾸준한 독서습관과 다양한 체험활동을 통해 응용력과 사고력을 기르는 데 주력하자.

2

명문대로 가는
학습계획표

📖 넌 그냥 가니? 난 알고 간다!

목적지, 즉 목표가 있는 것과 없는 것의 차이는 하늘과 땅 차이다. 목적지를 알면 자신이 원하는 곳에 얼마든지 갈 수 있다.

가령 A부대에서는 목적지와 중간 휴식 지점, 쉬는 시간 등 상세한 세부일정을 공개한 뒤에 행군을 시작했다. 하지만 B부대는 어디를 가는지, 언제까지 가는지도 모른 채 무작정 행군을 했다. 모든 일정은 기밀사항이라고 통보하고 도착할 때까지 말해주지 않았다. 결과는 어떻게 나왔을까?

A부대는 낙오자도 없고 컨디션도 전체적으로 양호했다. 그러나 B부대는 중도에 낙오자가 속출했고, 목적지에 도착했을 때 군인들의 상태가 대부분 좋지 않았다. 사실 두 부대에 있는 군인들

은 객관적으로 봤을 때 차이가 전혀 없었다. 체력은 물론이고, 소지하는 물품, 무기, 복장, 음식, 기후조건, 행군 일정도 거의 비슷했다. 이렇듯 목적지를 알고 가는 것과 무작정 가는 것과의 차이는 엄청나다.

학생도 마찬가지다. 목표가 뚜렷하다면 한 단계씩 차근차근 올라갈 수 있다. 우리나라 학생들의 학습계획 여부에 대한 학습 통계자료를 살펴보면 무척 충격적이다. 초등학생은 93퍼센트, 중고등학생은 81퍼센트가 단순 학습계획도 세우지 않고 공부를 하고 있다고 한다. 학생들이 스스로 계획을 세우는 것이 아니라, 학교나 학원 커리큘럼에 끌려다니고 있다.

한편 학습목표와 계획을 가지고 공부한 부류와 무계획적으로 공부한 부류로 나누어 일정 기간 동안 추적 관찰한 결과, 무계획한 부류는 전체적으로 성적이 평균을 유지하거나 하강곡선을 그렸고, 학습 플래너로 계획을 세워 공부한 부류는 서서히 상승 곡선을 그렸다. 열정이나 학습동기가 생겼을 때는 반짝 효과를 얻을 수 있지만, 실천력이 없으면 바람 빠진 풍선처럼 다시 흐지부지해진다.

연구 결과를 통해 살펴본 것처럼 무계획의 결과는 뻔하다. 무작정 목적지에 도착하기도 전에 중도 포기하거나 탈진한 군인들과 다를 바가 없다. 학습목표를 세우는 것이 그만큼 중요하다는 뜻이다.

📑 목표는 스마트 규칙으로

처음부터 시행착오 없이 계획을 완벽하게 세우기란 쉽지 않다. 또 계획만 멋지게 세웠다고 성적이 왕창 올라가는 것도 아니다. 실천하지 않으면 아무 의미도 없다.

처음에는 작은 목표를 세워 성취하는 단맛을 맛보면서 서서히 목표치를 올리면 된다. 순간적 열정이나 동기부여 약발은 강력하지만, 그만큼 유효기간도 짧다. 그런데 학습계획은 이것을 극복할 수 있도록 도와주는 역할을 한다. 또 날마다 학습목표를 확인하고, 체크하고, 관리하는 과정이 결국 지속적인 습관으로 자리 잡게 된다.

습관이 몸에 익숙해지는 데는 약 3주가 걸린다고 한다. 처음 3일이 고비다. 작심삼일이라는 말도 있지 않은가! 처음에는 한두 가지 공부습관을 시도해본다. 3일을 버티려면 90퍼센트의 에너지를 쏟아야 한다. 그만큼 어렵다. 하지만 꾹 참고 견디면 서서히 쉬워지는 느낌을 받게 된다.

목표를 세울 때 유용한 규칙이 하나 있다. 바로 스마트(SMART) 규칙이다.

- Specific(구체적으로)
- Measurable(측정 가능하게!)
- Action-oriented(행동 중심적이며)
- Realistic(현실적이고)

182

• Timely(적절하게 시간을 배정하라)

● 나만의 학습계획표 만들기

목표는 구체적이고 분명할수록 좋다. 예를 들어, 운동을 한다면 언제, 어디서, 무엇을, 어떻게, 얼마나 할지를 명확하게 목표를 세운다. '영어 실력 쌓기' 보다는 '하루에 단어 10개, 리스닝 1회씩 풀기, 독해 3개씩 하기' 라는 식으로 측정할 수 있도록 한다.

또한 목표는 실현 가능한 것이어야 한다. 예를 들어 목표가 '최신 스마트폰 구입' 이라면 '일주일에 1,500원씩 용돈을 아끼고, 성적을 평균 5점을 올려 용돈을 받는다' 는 식으로 실천 가능한 것으로 정한다. '전교 382등에서 전교 1등으로' 라는 목표는 실현 가능성이 거의 희박하다. 이루지도 못할 허황된 목표가 아니라 '제일 만만한 암기과목 세 개 백점, 영어와 수학은 반평균 안 까먹기' 가 더 현실적이다. 목표에는 반드시 마감 시한을 정해야 한다. 시간이 많다고 일을 많이 하는 것은 아니다. 제대로 목표를 정하면 효율적으로 더 많은 일을 할 수 있다.

계획만 열심히 짜고 마지막에 평가를 하지 않는다면 결코 좋은 결과를 얻을 수 없다. 목표 달성을 평가할 때는 잘한 것과 부족한 점을 점검하고, 이를 통해 추가 계획이나 변동 사항들을 피드백한다. 이런 점검들을 통해 성취감과 자신감을 충전할 수 있다.

다음 장에 나오는 계획표에 따라 계획을 세워보고, 스스로 점검도 해보자.

수학 : <개념원리> p.88~p 100까지, <A급 수학> p.82~p 87 풀기

영어 : 단어 30개 외우기, 독해 3개, 리스닝 7회 풀기

국어 : 단편소설 읽고 독후감 쓰기(수행평가 과제)

| 시간별 주간 계획표 |

시간대별	월	화	수	목	금	토	일

시간에 따라 학습계획 세우기

4:00~ 5:30 〈개념 원리〉 p.88~p100까지

5:30~ 6:30 리스닝 7회 풀기

6:30~ 7:00 식사

7:00~ 8:00 수학 p.82~p87 풀기

8:00~ 9:00 독후감 쓰기

9:00~ 10:00 독해 3개 풀기

*아침 자율학습 시간이나 쉬는 시간 활용해서 단어 30개 외우기

*학교 점심시간 후에 단편소설 읽기

| 일일 계획표 |

시간	과목	학습목표	실제 학습량과 시간	학습 평가	집중도

학습 내용 평가하기

단어를 외웠다면 따로 테스트를 해서 정확하게 외웠는지 확인한다. 오락가락한 단어나 아예 생각이 나지 않는 것은 따로 표시해서 한 번 더 확인한다. <개념원리>는 시간내에 충분히 다 풀 수 있었는데 <A급 수학>은 반도 풀지 못했다면 왜 그렇게 되었는지 다시 한 번 생각해보자. 그래야 다음번에 시간과 양을 적절하게 조정할 수 있다.

| 스스로 공부한 시간 점검표 |

구 분		시 간						
1주	스스로 목표한 학습 시간							
	스스로 목표한 학습 시간							
2주	스스로 목표한 학습 시간							
	스스로 목표한 학습 시간							
3주	스스로 목표한 학습 시간							
	스스로 목표한 학습 시간							
4주	스스로 목표한 학습 시간							
	스스로 목표한 학습 시간							
5주	스스로 목표한 학습 시간							
	스스로 목표한 학습 시간							
6주	스스로 목표한 학습 시간							
	스스로 목표한 학습 시간							
7주	스스로 목표한 학습 시간							
	스스로 목표한 학습 시간							
8주	스스로 목표한 학습 시간							
	스스로 목표한 학습 시간							

5시간　10시간　15시간　20시간　25시간　30시간　35시간

계획표를 만들면
무엇이 좋은가요?

공부 스타일
따라잡기 ⑳

A 계획표를 만들어 실천하면 머릿속으로 생각했던 것을 눈으로 확인할 수 있다. 우선 일주일 동안 계획표대로 실천해보고 꼼꼼 체크에 들어가자. 그러면 계획표대로 실행한 후 자신이 놓친 문제들을 발견할 수 있고, 무의식적으로 행했던 나쁜 습관까지 찾아낼 수 있다.

또한 시간을 더 투자해야 할 영역과 줄여야 할 영역을 체크해보자. 사소한 일에 너무 많은 시간을 허비했다는 것을 알게 될 것이다. 거꾸로 너무 적은 시간을 사용한 경우도 마찬가지다. 이런 작은 점검들이 학습목표를 효과적으로 현실화시키는 핵심 포인트이다.

3

사교육
백배 활용하기

📖 기출문제 무제한 리필

　수학이나 영어학원이 재밌으면 얼마나 좋을까? 부모 입장에서
도 아이가 학원을 좋아하면 비싼 학원비가 아깝지 않다. 하지만
믿는 도끼에 발등 찍히는 법! 자녀들에게 감쪽같이 속는 부모들이
주변에 얼마나 많은가!

　학원 강사는 애드리브와 개인기의 화려한 쇼맨십으로 수업을
수놓는다. 학원 등록 기간이 되면 피자를 돌리는 등 인기 관리에
열을 올리기도 한다. 어떻게 해서든지 아이들을 학원에 묶어두기
위한 강사들의 몸부림이다. 그러니 아이 말만 믿지 말고 가끔씩
확인을 해야 한다. 소규모 학원들은 선생님이 수업하다 말고 전화
를 받거나 아이들 관리를 느슨하게 하는 경우도 있다. 학원인지,

188

집인지 구분이 되지 않을 정도다.

그럼 우리 아이는? 말 그대로 방치되는 것이다. 아이가 말하는 '재미있다'는 말의 뜻을 제대로 알아듣자. 아이 수준에 맞춰 맞춤형 수업을 하고 흥미와 동기부여가 되고 있다는 뜻이 아니라는 사실을 판단해야 한다.

족집게처럼 딱딱 찍었던 A학원이 중간고사 이후로 휘청거리는 이유는 무엇일까? 학원에서 찍은 문제가 시험에 안 나왔기 때문이다. A학원의 몰락이 시작되었다. 경쟁 학원에서 중간고사 시험 문제와 유사한 문제를 잘 찍은 덕분에 그쪽으로 대규모 물갈이가 된 사건! 시험만 치르고 나면 학생들은 푸드득거리면서 새로운 둥지를 찾아 떠나기에 바쁘다.

그렇다면 시험문제를 잘 찍어주는 학원으로 옮기는 게 뭐가 잘못일까? "당연한 일이 아닌가?"라고 말할 수 있다. 하지만 조금만 더 생각해보자. 자신의 현 위치에 맞는 학원을 제대로 선정했는지가 핵심이다.

학원 입장에서는 내신시험일 경우 몇 개월 안에 승부를 내야 한다. 그래야 학원생의 이탈을 막을 수 있다. 당장 보이는 점수에 연연하다 보면 길은 하나다. 시험기간에는 물론이고 평소에 집중 관리를 하고, 암기와 무제한 문제 풀이를 반복해서 문제를 거의 외우도록 만든다. 그럼 누구라도 어느 정도 점수가 나온다.

이것이 정녕 올바른 선택일까? 가장 극단적인 예는 입시학원들이 6학년 2학기부터 실시하는 중학교 선행학습이다. 무려 중학교

1학년 중간고사까지 무한 반복된다. 물론 중학교 첫 시험은 매우 중요하다. 하지만 이건 아니다! 시험기간에 시험공부를 하고, 평소에는 실력을 쌓고 어떤 문제든 풀 수 있도록 응용력을 길러야 한다. 실력을 쌓아야 할 귀한 시간을 학원에 홀라당 상납하는 꼴이다. 내신은 시험기간에, 평소에는 실력을 한 단계 업그레이드하는 데 올인하자.

내신 성적 잘 나온다는 학원이 진짜 실력을 올려주는 곳인지, 문제만 무한 리필 제공하면서 가짜 실력을 만드는 곳인지 다시 한번 체크해야 한다. 아차, 하는 순간 고등학교에 가서 추락의 쓴맛을 볼 수 있다.

📖 살인적인 스파르타식 학원 숙제

재영이 엄마는 신났다. 사실 표정 관리가 조금 어려울 지경이다. 중1 재영이를 특목고에 보내기 위해 과감하게 직장도 접고 '특목고 프로젝트'에 나섰다. 엄살도 많고 시키는 공부 외에는 스스로 공부하는 법이 없는 재영이를 입소문이 난 학원에 보냈다. 아이를 실어 나르는 일이 결코 만만치 않았다. 하지만 남들은 유치원 때부터 했다는데 아무것도 해준 게 없는 것 같아 늘 가슴이 아팠다. 투덜거리는 것 자체가 사치처럼 느껴진다. 사실 시험을 쳐봐야 잘 가르치는 학원인지 아닌지 판가름이 난다. 그런데 이 학원은 학습과정이 남달라 보여 여간 반가운 게 아니다. 이 과정대로만 한다면 결과는 훌륭하리라 믿는다. 아니, 믿고 싶다.

일단 학원수업보다 학원 숙제가 몇 배는 더 많다. 처음에는 새벽 2시가 넘어도 다하지 못했다. 저녁 외식은 꿈도 못 꾸고, 단 1초도 딴짓을 할 틈이 없다. '완전 꼼짝 마라' 버전이다. 처음에 아이가 너무 힘들어해서 안쓰러웠지만, 눈을 비비면서 숙제하는 모습을 보니 한결 마음이 놓인다. 학원에서 숙제를 내주지 않았던들 가당키나 한 일인가! 학원에서 제대로 공부를 시킨다는 생각이 들자 무한 신뢰감이 팍팍 생긴다.

하지만 스파르타식 학원 숙제에 대한 환상은 엄마의 착각일 뿐이다. 기계식 암기와 문제 풀이로 뒤범벅이고, 살인적인 숙제로 공부에 대한 흥미는 가을바람에 낙엽 떨어지듯 저 멀리 도망간다. 공부에 질려서 공부의 '공' 자만 나와도 치를 떤다. 살아남아 영웅이 될 확률과 공부에 치를 떨 확률 중에 어느 쪽이 높은지 한번 따져보자.

📖 강남 신화에 대한 환상 깨기

중3인 성호는 과고에 가고 싶다. 중1 때부터 시작하는 다른 친구들에 비해 다소 늦은 성호와 엄마는 수소문을 해서 특목고 전문 학원을 찾아갔다. 건물을 도배한 현수막에는 특목고에 진학한 그 학원 출신 명단들이 가득했다. 그것을 보니 마치 레드카펫 위를 걷는 영화배우처럼 당당하게 특목고로 입성할 것 같은 착각이 들

정도이다.

학원에서는 특목고반을 특별 관리한다. 학원마다 약간의 차이는 있지만 구체적인 학교 이름으로 레벨을 정하는 경우도 있다. 최상위권반 아이들은 사실 조금만 투자해도 효과가 금방 나타난다. 그런데 문제는 이런 아이들이 학원 레벨 시스템의 바닥에서부터 차근차근 올라가서 특목고로 진학하는 게 아니라는 점이다. 경우에 따라서는 학원 쇼핑처럼 살짝 스쳐 간 경우도 많다. 최악의 경우는 특목고에 간 적도 없는데 현수막에 이름이 걸려 항의 전화를 받는 경우도 있다고 한다.

학원만 전적으로 믿다가는 실력을 키우기는커녕 들러리로 전락해버릴지도 모른다. 학원을 선택할 때는 자신의 현 위치를 정확하게 파악해야 한다. 화려한 진학률을 자랑하는 현수막에 홀려 피 같은 돈과 귀한 시간을 낭비하면 안 된다.

하지만 아무리 위안이 되는 이야기를 들어도 언론에서 강남 이야기만 나오면 우울해하는 엄마들이 있다. 그곳은 기나긴 학원 순례와 고액 과외들이 늘 넘쳐난다. 특목고 시즌이 다가오면 교육열이 뜨거운 몇몇 동네로부터 속보가 날아온다. "○○학교에서 외고에 몇십 명 보냈다"라고! 그 말에 기운이 빠진다. 역시 다르다며 말끝을 흐린다. 같은 서울 바닥에 살아도 소외감이 들 정도인데, 하물며 지방도시라면 더 할 말이 없다.

아이의 초라한 성적이 부모의 능력 부족 때문인 것 같아 소심해진다. 어떻게 해야 할까? 사교육의 중심에 있는 친구들과 나는 무엇이 다른가? 결론적으로 말하면 어마어마한 절대적 학습량이다. 그것이 바로 실력으로 연결된다. 잠자리에 드는 시간에도, 밥 먹는 시간에도, 잠깐 쉬는 시간에도 그곳 아이들은 공부를 한다. 결국 그 아이들만큼 더 많이 공부를 해야 따라갈 수 있다는 결론이 나온다.

뿌린 만큼 거둔다. 강남이든 어디든 열심히 공부한 만큼 결과가 나오게 마련이다. 지방이나 서울 외곽이라고 소외감을 느낄 필요는 없다. 자기 계획을 세워 더 열심히 하면 된다.

강남은 우리나라 최고 강사들이 모여 있는 곳이다. 지방이나 서울 외곽에 사는 사람들에게는 부러움 그 자체이다. 하지만 기죽을 필요는 없다. 인터넷 강의도 있고, 의지만 있다면 결코 못할 게 없다.

어디서든지 두드려라! 그러면 열릴 것이다.

📖 '믿습니다' 버전에서 벗어나기

이른바 잘나가는 학원들은 기존 학원보다 대담한 마케팅 전략을 쓴다. 무시무시한 공포 마케팅이다. 학원은 학부모들의 불안한 심리를 누구보다 잘 안다. 사람이 공포감에 사로잡히면 이성적인 판단을 하기 어렵다. 사실 학원 선택권은 학부모와 학생에게 있지만, 불안한 나머지 주도권을 학원에 맥없이 넘겨버린다.

학원은 교육정보와 전문성을 전면에 내세운다. 지금 당장 학원의 수업 프로그램에 따르지 않으면 영원히 낙오자가 될 것 같은 느낌을 주는 선수들이다. 하지만 또 다른 학원의 설명회에 가보면 정반대의 교육정보를 준다. 학원 설명회는 교회 부흥회가 아니다. 무조건 '믿습니다' 버전으로 대처하면 큰일 난다. 학원 설명회의 공포 마케팅 전략에 휘청거리지 말고 중심을 잡고 비판적으로 대처하자.

직장맘인 성우 엄마는 짬을 내서 학원 설명회에 갔다. 학원 설명회는 시작하기도 전에 이미 자리가 꽉 차 있었다. 성우 엄마가 그곳에 간 이유는 어제 친구들 모임에 갔다가 충격을 받았기 때문이다. 성우 엄마는 남부러울 게 하나도 없이 사는데 아이 성적표 앞에서만은 늘 기가 죽는다.

학원 설명회는 대단히 만족스러웠다. 학원에 등록하기로 하고 학원 레벨테스트를 받았다. 성우는 낮은 레벨을, 함께 간 유정이는 높은 레벨을 받았다. 공부를 잘하는 지우가 의외로 최하 레벨을 받았다. 레벨테스트 이후 곧바로 상담으로 이어졌다.

상담 시간 내내 성우 엄마는 두려움과 공포에 휩싸였다. 상담은 "왜 이렇게 방치를 했느냐"는 추궁으로 시작해서 특별 관리를 해주겠다는 위로로 끝났다. 그나마 특별 관리를 해주겠다는 말에 안도의 한숨이 나왔다.

몇 달 후 하위권이었던 성우가 중위권반으로 올라갔다. 성우 엄마는 기쁜 마음을 감출 수 없었다. 그런데 얼마 전 최하위 레벨을 받았던 지우가 다른 학원에서는 중상위권 레벨을 받았다는 소식을 들었다. 세분화된 수업 커리큘럼에 따라 리딩에서는 중위권, 문법에서는 최하위권, 리스닝에서는 최상위권을 받았다나? 성우 엄마는 갑자기 혼란스러워졌다.

이처럼 학원 테스트를 100퍼센트 신뢰해서는 안 된다. 학원 테스트의 수준과 난이도, 형평성에 따라 결과가 달라질 수 있다는 사실을 염두에 두자. 테스트의 기준과 성향이 얼마나 세부적이고 평가가 객관적인지 꼼꼼히 따져보아야 한다.

● 학원 강사와 자체 교재, 정말 믿을 수 있을까?

한번은 필자의 아이가 특목고 전문학원에 처음 다녀온 날, 자체 제작된 학원 교재를 들고 마구 자랑을 한 적이 있다.

"엄마, 이거 학원 선생님이 직접 만든 거래요. 이것만 다 풀면 과고는 그냥 간대요. 우리 선생님 대단하죠?"

아이가 들고 있던 교재를 펼쳐 보았다. 그 교재를 보고 그만 욕이 튀어나올 뻔했다. 내용을 살펴보니 특목고 대비로 나온 〈올림피아드〉 교재를 짜깁기한 것이었다. 당시만 해도 특목고 교재 자체가 귀했고, 기존 교재와 내용이 비슷해도 일반 엄마들은 알아보기 어려운 시절이었다.

정보가 부족함을 빌미로 저작권에 문제되는 내용을 버젓이 학원 교재라고 속인 것이다. 비단 그 학원에만 해당되는 문제가 아니다. 대한민국에서 내로라하는 유명한 학원 교재들도 대개 여러 책을 짜깁기해서 만든 것이다.

저작권 문제는 잠시 접어두더라도, 어설픈 짜깁기는 패턴 정리
는커녕 개념 정리에 전혀 도움이 안 된다. 자체 교재 제작은 그렇
게 만만한 작업이 아니다. 많은 연구와 시간과 노력을 필요로 하
기 때문이다.

한편 학원가에서 강사의 학력 조작은 기본이다. 동네 학원에서
는 대학생 아르바이트생을 유능한 전문 강사라고 포장해서 전단
지를 돌리기도 한다. 학력 조작은 물론이고, 전공이 아닌 짝퉁 강
사들이 난무한다. 물론 좋은 선생님이나 실력 있는 선생님도 많이
있다. 또 노하우가 담긴 자체 개발 교재도 있을 것이다. 문제는 모
두가 그렇지 않다는 점이다.

학원의 전문성에 대한 지나친 맹신은 금물! 강사의 자질과 교
재에 대한 절대적 신뢰는 위험한 일이다.

꼭 대형 학원에 다녀야 하나요?

공부 스타일 따라잡기 ㉑

A 중대형 학원 강사들은 수업 외에도 담임반 아이들의 성적 관리부터 잦은 학부모 상담까지 업무가 많다. 그렇다 보니 한 학생에게 할애할 수 있는 시간이 많지 않다. 물론 대형 학원에는 명성 높은 선생님들이 많다. 하지만 스스로 공부하는 법을 모르거나 학습 마인드가 제대로 정립되어 있지 않은 학생이라면, 마음을 다잡아주고 학습계획을 세심하게 체크해주는 소형 학원이 더 낫다. 그리고 자기주도적 학습이 어느 정도 가능해지면 자기에게 맞는 선생님을 찾아 학원을 옮기면 된다.

최근에는 개인별 온라인 학습이 가능한 멀티미디어실, 실습이 가능한 과학실, 개인의 물건을 보관하는 사물함까지 갖춘 최첨단 학원들이 많으니 그만큼 선택의 폭도 넓어지고 있다.

4 나를 찾아가는 진로 지도

📖 꿈이 생기면 목표는 저절로

선영이는 얼마 전 소진이의 다이어리를 보고 충격을 받았다. 소진이가 자신의 꿈을 어찌나 야무지게 적어놨던지……. 그 일이 있은 후 선영이는 멍하게 시간을 보내는 일이 많아졌다. 사실 선영이는 정말로 하고 싶은 것이 없다. 그저 선생님과 부모님이 공부를 하라고 하니까, 학생의 본분이라고 생각하고 있을 뿐이다. 그러니 죽기 살기로 공부할 필요가 없었다.

그런데 가만히 생각해보니 그동안 자신을 위해 공부한 게 아니라 부모님을 위해 공부했다는 생각이 들었다. 선영이는 자신의 미래에 대해 고민하기 시작했다.

"나는 어떤 사람이지?"

"내가 좋아하는 게 뭐지?"

"어떤 일을 하면 잘할까?"

"나에게 맞는 직업은 무엇일까?"

선영이는 이런저런 궁금증이 몰려왔다. 알고 싶었다. 선영이의 고민을 도와준 사람은 학교 상담 선생님이었다. 선생님이 추천해주신 커리어넷(http://www. careernet. re.kr/)에서 직업적성검사, 직업흥미검사, 직업가치관검사, 진로성숙검사를 해보았다. 멋지고 근사하게 보였던 직업들도 알고 보니 예상외로 힘들어 보였다. 또 생각하지도 못한 직업이었는데 전망이 꽤 좋은 것도 많았다.

선영이처럼 주변 상담기관을 통해 정보와 참고할 자료를 얻어보자. 일정한 비용이 드는 사설 상담기관뿐만 아니라, 국가나 지방자치 단체에서 무료로 운영하는 곳도 많다. 인터넷 검사나 학교 단체 검사 결과를 보고 의문이 생겼다면 전문 상담기관을 찾아 도움을 청하는 것이 좋다.

"한번 도전해보는 거야!"

선영이는 새로움에 대한 도전과 용기가 마구 솟아났다. 제대로 된 정보를 얻기 위해 발품도 팔았다. 좀 더 구체적으로 알아보고 나니 마음가짐이 달라지기 시작했다. 선영이는 구체적인 계획을 세워야겠다는 생각이 들었다. 학원 갈 시간이 되면 학원에 가고, 숙제 있으면 하고 없으면 놀고 낭비했던 시간들이 너무 아까웠다. 엄마가 공부 좀 하라고 하면 "학원 가랴, 숙제하랴, 공부할 시간이 어디 있느냐"며 짜증부터 냈다. 생각해보니 자투리 시간이 많았는데 생각 없이 흘려보냈던 것이다.

갑자기 시간이라는 로또에 당첨된 기분이 들었다. 미래를 위해 열심히 공부해야겠다는 생각도 들었다. 공부해야 할 이유가 어둠 속에서 섬광이 비치듯 선명해졌다. 하루 계획표를 세우고 나니 그것만으로는 부족하다는 생각이 들었다. 월간계획표와 주간계획표를 만들어 냉장고 앞에도, 책상 앞에도 붙였다.

잘 되면 꼭 칭찬해달라고 아빠한테도 부탁했다. 아빠 얼굴이 환해진다. 엄마한테는 잔소리하기 전에 계획표를 먼저 봐달라고 했다. 엄마도 웃는다. 갑자기 지원군을 얻은 것 같아 든든하다. 미래의 꿈을 위해서는 체력도 중요하다는 생각에 등교할 때 아빠 차를 타지 않겠다고 폭탄선언을 했다. 조금 빨리 일어나 학교까지 걸어가기로 했다. 학교에 갔다 와서 공부가 잘 안 될 때는 줄넘기도 하고!

드디어 선영이에게 꿈이 생겼다. 그러자 공부를 해야 할 목표와 이유가 명확해졌다. 꿈은 이렇게 공부에 대한 강력한 동기부여가 된다.

| 진로 지도 사이트 |

웹사이트	내 용
워크넷 http://www.work.go.kr	노동부에서 제공한다. 직업과 진로에 관한 온라인 학습뿐만 아니라, 직업심리검사와 청소년(중학생) 직업 체험학습 프로그램을 이용할 수 있다.
커리어넷 http://www.careernet.re.kr	초등학생, 중학생, 고등학생, 대학생, 일반인에게 진로 탐색을 도와준다. 직업적성검사, 직업흥미검사, 직업가치관검사, 진로성숙도검사 등을 할 수 있다.
한국가이던스 http://www.guidance.co.kr	자아가치관검사, 정신건강검사, 성격검사, 진로발달검사, 학습전략검사, 학습흥미검사, 진로탐색검사 등 다양한 심리검사가 유료로 이루어지고 있다.

📖 국어를 좋아하면 국문과?

조기교육이 필요한 경우도 있지만 그렇지 않은 분야가 사실 더 많다. 능력이 있어도 계속 노력하지 않으면 사장된다. 신문을 떠들썩하게 만든 신동들도 나중에 보면 평범하게 성장하는 경우가 많이 있다. 능력은 타고날 수도 있지만 노력 여하에 따라 개발 가능하고 언제든지 변할 수 있다.

수학에서 배울 수 있는 문제해결력이나 논리분석, 추론 같은 능력은 다른 학문이나 직업영역에서도 필요하다. 경제나 회계, 경영에서도 많이 사용하는 부분이다. 단순하게 점수로 이과와 문과를 나누는 것은 굉장히 위험한 일이다.

국어를 좋아하면 국문과, 사회를 좋아하면 사회학과? 천만에 말씀이다. 교과목의 지식이 영향을 줄 수 있는 학과와 직업들이 굉장히 다양하다. 의사 같은 특정 직업처럼 특정 학과를 나와야 하는 경우도 있지만, 모든 직업들이 그런 것은 아니다. 세상에 자신의 적성과 100퍼센트 딱 맞는 직업이란 없다. 단지 다른 것보다 대체로 잘 맞을 뿐이다. 교사가 꿈이라고 해도 가르치는 일 외에도 행정업무나 상담 등 다른 업무가 훨씬 더 많기 때문이다.

● 적성검사 달랑 한 장으로 인생을 결정해?

검사 결과에 절대적으로 의존하지 마라. 단지 참고 자료로 사용하면 된다. 결과보다는 "왜 이런 학과와 직업이 나왔지?"라고 그 원인을 꼼꼼히 따져보자.

부모 입장에서 허황된 꿈이라고 걱정하거나 무시하지 말자. 자신의 미래를 고민했다는 것만으로도 격려해야 한다. 진짜 걱정은 미래와 진로에 대해 고민조차 하지 않는 아이들이다.

적성과 흥미가 다를 수 있을까? 적성은 쉽게 말해 잠재능력이다. 따라서 적성검사란 일종의 잠재능력 검사라고 할 수 있다. 흥미는 어떤 대상과 범위에 재미를 느끼는 것이다. 한 연구 결과에 따르면 적성검사보다 흥미검사 결과가 직업에 더 큰 영향을 끼친다고 한다. 흥미가 내적 동기를 끊임없이 펌프질해주기 때문이다.

잘하는 것과 좋아하는 것에서 어떤 것을 선택해야 할지 모를 때가 있다. 그럴 때는 개인의 선택에 따라 결정하면 된다. 직업 선택에 있어 적성과 흥미뿐만 아니라 성격이나 가치관도 영향을 끼친다. 누군가는 거뜬히 해낼 수 있는 일도 다른 사람에게는 너무나도 힘들고 고통스러운 일이 될 수 있다. 또 가치 있다고 생각하는 일도 개인적인 주관에 따라 달라진다.

인기 좋고, 돈 많이 벌고, 여유 시간이 많아 외국 여행도 다닐 수 있고, 적성에 맞고, 안정적이고, 비전 있고, 명예도 얻을 수 있는 직업은 없을까? 그런 학과는? 미안하지만 죽을 때까지 그런 황금 거위는 찾기 어렵다. 인기 직업들조차도 돈은 벌지만, 시간도 없고 스트레스는 최강인 경우가 허다하다. 직업을 대하는 태도에 따라 수입과 사회적 지위가 결정된다. 문제는 직업을 대하는 태도이다.

📖 진로 문제, 나를 알면 백전백승

아이의 의견을 무시한 부모의 진로 결정은 큰 불행을 자초할 수 있다. "내 자식을 나만큼 잘 아는 사람은 없다", "다 널 위해서 하는 말이다"라며 사랑의 이름으로 강요하면 절대 안 된다. 아이는 부모의 복제품도 아니고 인형도 아니다. 부모의 강요에 의해 선택한 학과나 직업은 아이에게 고통만 줄 뿐이다. 자녀의 희망을 압도하는 부모의 욕심은 오히려 공부에 대한 아이의 흥미를 송두리째 빼앗아갈지도 모른다.

형인이는 욕심도 많고, 하고 싶은 것도 많다. 형인이 엄마는 초등학교 때와는 달리, 중학생이 된 아들을 보면 심란해진다. 새로운 것에 호기심이 많아서 흥미가 수시로 바뀌고, 흥미가 바뀔 때마다 장래 희망도 바뀐다. 그래서 형인이 엄마는 불안하기만 하다. 하고 싶은 게 많으니 언제나 의욕은 넘치지만, 얼마 가지 못해 곧 시들해지기 때문이다.

이때 부모는 걱정만 하지 말고 격려해주고, 관심 직업에 대한 구체적인 정보를 제공해주어야 한다. 단, 어떤 직업을 선택하든 기본기는 있어야 한다는 사실을 아이가 분명히 인식하도록 지도한다.

중학교 3학년인데 아직 진로를 결정하지 못했어요.

공부 스타일 따라잡기 ㉒

A 진로 문제의 가장 큰 걸림돌은 자기 자신에 대해 잘 모른다는 점이다. 이는 중학생만의 문제가 아니다. 중고등학생, 나아가 대학생들마저도 아직 진로에 대해 고민하고 있다. 나를 찾는 여행을 해보면서 답을 찾아보자. 다음 질문들에 답을 해보고 각 항목들의 공통점이 나오면 나의 진로와 가깝다고 생각해도 좋다.

- 내가 잘하는 것 세 가지는?
- 좋아하는 것 세 가지는?
- 즐거웠던 경험 세 가지는?
- 남들에게 잘한다고 칭찬을 들었던 세 가지는?
- 자기도 모르게 몰입했던 경험 세 가지는?
- 만족감과 성취감을 느끼게 했던 세 가지는?
- 중요하고 소중하다는 느낌이 들었던 일 세 가지는?
- 현명한 판단을 했다는 생각이 들었던 일 세 가지는?

한 연구소에서 서울대생 3천 명을 대상으로 학습의 가장 큰 방해 요인과 가장 유익한 요인에 대해 조사했다. 그런데 아이러니하게도 양쪽 모두에서 똑같이 높은 순위를 차지한 요인이 있었다. 바로 '엄마'였다. 엄마가 어떻게 하느냐에 따라 아이는 우등생이 되기도 하고 열등생이 되기도 한다.

6장

중학생 심리
브레이크

학습 방해 요인
1등은 '엄마'

📖 눈만 마주치면 싸워요

산더미 같은 일감 때문에 집안이 엉망이다. 필자는 다음 날 새벽에 서울로 출발해야 하는데 채비를 전혀 하지 못했다. 그뿐이랴! 싱크대는 설거지거리가 가득 차 있고, 집안 정리는 물론이고 아이가 먹을 반찬도 제대로 준비하지 못한 상황이었다.

아이가 학교에서 돌아온 시간은 밤 11시. 이럴 수가! 아이가 교복을 입은 채로 아무렇지도 않게 설거지를 한다. 불량엄마로서 미안하기 그지없다. 남들은 학교 앞까지 모시러 다니는데, 우리 아이는 집에 와서 설거지라니! 세상에 나 같은 엄마가 또 있을까? 서재에서 강의 자료 준비를 마치고 부엌에 가본다. 픽, 웃음이 나왔다. 바닥에 물이 흥건히 젖어 있고, 뭘 찾았는지 싱크대 서랍은 여기저기 이 빠진 것처럼 열려 있다. 휴~ 싱크대 개수대에는 씻지 않는 냄비와 그릇들이 엉망진창 뒤섞여 있다.

아이가 생각하는 설거지의 기준이 나와 다른 것이다. 아이는 당장 필요한 밥그릇과 컵과 수저만 씻으면 설거지 끝이다. 일거리는 더 늘었지만 어쨌든 아들의 마음 씀씀이에 눈물이 날 정도로 고마웠다.

공부에 대한 기대치도 엄마와 자녀가 달라도 너무 다르다.

"다 널 위해서 하는 거야."

"엄마가 하라는 대로 하라니까!"

한 사설 교육 연구소에서 서울대생 3천 명을 대상으로 학습의 가장 큰 방해 요인과 가장 유익한 요인을 조사했다. 그런데 아이러니하게도 양쪽 모두에서 똑같이 높은 순위를 차지한 요인이 바로 '엄마'였다. 아이에게 엄마는 가장 큰 학습의 방해 요인이자 가장 유익한 도우미였다. 그러나 '엄마'가 방해 요인이라는 수치가 도우미라는 응답보다 더 높게 나왔다. 잘못된 교육 지식이나 방법으로 아이들에게 치명적인 스트레스를 주고 있다는 뜻이다.

엄마가 경험한 과거의 잘못된 교육방식이나 지식으로 아이를 다그치는 게 큰 문제다. 엄마들은 수학은 연산이 최고요, 사회는 암기가 최고 지존, 문제집만 무작정 많이 풀면 최고인 줄 안다. 자신의 고등학교 시절에 먹혀들었던 유효일자 지난 아이템으로 우려먹을 생각을 한다. 대입이나 특목고 입시는 암기보다는 이해를, 기억력보다는 문제해결력이나 응용력을, 양보다는 질을 요구하는

데도 말이다.

잘못된 교육 방식뿐만이 아니다. 아이 입장에서 공부 외에 모든 것들이 묵살되는 것도 참기 힘든 일이다. 한편 부모 입장에서는 시기가 시기인 만큼 공부를 강요할 수밖에 없지만, 아이는 엄마의 말이 모두 잔소리로만 들린다. 결국 예정된 불협화음으로 아이와 눈만 마주치면 싸운다.

엄마는 아이의 감시 카메라가 되지 말고 롤 모델이 되어야 한다. 자신의 삶에 만족하지 못하는 부모가 자식의 삶에 더 집착하는 경향이 많다. 부모는 간섭과 관심을 헷갈리지 말자. 부모의 지나친 간섭은 자녀의 자존감만 낮출 뿐이다.

📖 우리 얘기 좀 할래?

소영이는 휴대폰으로 음악을 들으며 좋아하는 가수의 최신곡을 따라 흥얼거린다. 그때 엄마가 갑자기 이어폰을 낚아채며 앙칼지게 소리를 지른다.

"내가 정말 못살아. 공부 안 할 거야?"

한 시간째 문제집의 페이지가 똑같다. 그나마도 문제집 여백에는 가수의 이름과 낙서들이 가득하고, 방 벽에는 인기 가수의 브로마이드가 한가득 도배되어 있다. 소영이는 시디와 잡지, 팬클럽 액세서리를 보물처럼 아낀다. 또 수행평가 과제를 해야 한다고 거짓말을 하고 친구들과 우르르 몰려다니기 일쑤다.

어느 날 학원 땡땡이를 치고 공개방송을 보기 위해 몇 시간째 줄을 서서 들어갔는데, 결국 일이 터졌다. 공개방송에서 소영이가 열광하는 모습이 화면에 찍힌 것이다. 그걸 본 지인들과 친척들의 전화가 빗발쳤다. 소영이 엄마는 화가 머리끝까지 났다. 그 일이 있은 후, 엄마는 하나에서 열까지 모든 것을 간섭하기 시작했다. 완전 인간 감시 카메라가 된 것이다. 학원에 갈 때도 데려다주고, 차에서 대기하고 있다가 집으로 데리고 온다. 개인 시간은 단 10분도 주지 않는다.

소영이는 엄마의 감시와 간섭 때문에 질식할 것만 같다. 전에는 시험기간만이라도 공부에 집중했지만 이젠 다르다. 그냥 엄마 앞에서만 공부하는 척을 한다. 연예인을 좋아하는 자신의 마음을 이해하지 못하는 엄마가 야속하기만 하다. 엄마는 엄마대로 정말 중요한 시기에 연예인에게 빠져 있는 딸이 한심하기 그지없다. 그놈의 가수에게 쏟는 정성의 반만 공부에 할애해도 평균 10점은 올라갈 것 같다. 이런 생각만 하니 무슨 말을 해도 곱게 하는 법이 없다. 소영이와 엄마의 대화는 줄 끊어진 수화기에서 울리는 알 수 없는 메아리다. 서로 이해하지 못하니 소통이 될 리가 없다.

아이들에게 스타는 어떤 의미일까? 공부만을 강요하는 숨 막히는 현실의 도피처이자, 탈출구이다. 그래서 아이들은 그 시기에 판타지 속 스타에게 마음을 빼앗기고 만다. 또 스타와 동일시하면서 자신의 환상적인 미래를 꿈꾸기도 한다.

물론 이 정도 열광하는 수준이 아니라도 스타 따라잡기를 하지 않으면 또래문화에 동참할 수 없게 된다. 청소년 시기에 친구는 부모보다 더 중요한 존재이다. 또래문화에서 동질성을 찾지 못하면 바로 왕따가 되고 만다.

▦ 비교하지 말란 말이야!

"형은 만날 전교 1등이야."

"형은 안 그런데 도대체 넌 왜 그러니?"

성격 좋고 착하기만 했던 형인이는 요즘 이런 말들을 들으면 감당하기 너무 힘들다. 형인이에게는 서울대 의대에 다니는 형이 있다. 늦둥이 형인이는 초등학교 때까지 뭘 해도 칭찬을 들었다. 물론 그 말을 100퍼센트 믿었던 것은 아니다. 형이 초등학교 때 얼마나 잘했는지 너무도 잘 알기 때문이다. 그런데 언제부턴가 슬슬 비교를 하기 시작하더니 중학교에 오니까 이제 아예 노골적으로 비교를 한다. 형인이는 그놈의 1등이라는 말이 정말 지긋지긋하다.

"한 번만 더 형하고 비교하면 집 나가 죽어버릴 거야."

형인이는 미친 듯이 대들고 문이 부서져라 쾅 닫는다.

인간이라면 누구나 사랑받고 인정받고 싶은 욕구를 가지고 있다. 부모는 누구보다도 아이를 사랑하지만, 그 사랑이 있는 그대로의 사랑이기보다 조건부 사랑이 될 때가 많다. 말을 잘 듣고 공부를 잘할 때만 사랑해준다면 아이 입장에서 어떤 생각이 들까?

형인이는 초등학교 때까지 착하고 성격 좋은 것만으로도 충분히 사랑을 받을 수 있었다. 하지만 공부가 중요한 시기가 되면서 성적 사랑으로 바뀐 것 같아 속이 상한다. 게다가 형과의 비교는 죽고 싶을 만큼 싫다.

아이들은 비교를 당하면 수치심을 느끼고, 분노와 자기 비하에 빠져든다. 자신감도 없어진다. 아이를 위해서 했던 많은 말들은 결국 상처만 남을 뿐이다. 형제나 엄친아와의 비교는 이제 그만! 아이에게 그건 독약이나 다름없다. 비교 대신 격려를 해주자. 이때 격려를 한다는 뜻에서 과잉된 칭찬으로 일관하면 아이는 그 칭찬을 신뢰하지 않는다. 잘못한 점을 꾸짖되 잘하는 사람과 비교하지 말고, 당사자의 문제점만 따끔하게 지적하도록 한다.

📖 모범생 콤플렉스

시험기간이 다가올수록 지아는 답답해진다. 도통 소화도 안 되고 머리도 아프다. 특히 수학시험을 칠 때는 정말 죽고 싶은 심정이다. 현상유지도 어려운데 수학에서 무너지면 정말 끝장이기 때문이다.

"성적이 떨어지면 어쩌지?"

"실수를 하면 어떡하지? 잘 볼 수 있을까?"

수학이 약한 지아는 시험시간 내에 문제를 다 보는 것만도 버겁다. 종료 시간이 다가오면 가슴이 떨리고 마음이 조급해진다.

등에서 식은땀이 흐르고 불안감이 고조된다. 허둥대다 보니 단순 계산에서 실수를 연달아 하고, 급기야 답지에 답을 다 옮기지 못하는 일까지 발생하고 만다. 결과는 보지 않아도 뻔했다. 지아는 극도의 긴장감과 불안으로 이번에도 제 실력을 발휘하지 못했다.

시험 불안증에 빠지면 여러 가지 심각한 결과가 나온다. 불안으로 인해 시험을 망치고 결국 자신의 능력을 과소평가하고 만다. 시험이 다가올수록 땀이 나고 가슴이 두근거리고 과도한 긴장 탓에 신경이 극도로 예민해진다. 실제 실력보다 훨씬 낮은 성적으로 인해 자신의 진짜 실력과 자신감을 잃게 된다. 이런 악순환으로 결국 공부를 포기하게 된다. 아이가 예민하다면 특히 부모의 세심한 보살핌이 필요하다.

"이번 시험은 꼭 1등 해야 돼."

"평균 90점은 넘어야 한다."

이런 식으로 아이에게 압력을 넣으면 절대 안 된다. 불에 기름을 붓는 격이다. "몇 개 틀렸어?"라고 묻기 전에 격려하고 힘을 실어주자. 부모가 시험 결과에 더 연연하거나 호들갑을 떨면 안 된다. 적어도 아이보다 의연하고 때에 따라서 냉정한 모습을 보여야 한다. 따뜻한 말 한마디로 아이의 마음을 편안하게 해주는 것이 가장 좋다.

"힘들었지? 안 떨렸니?"

"엄마가 널 위해 기도했거든. 내일 시험은 더 편안하게 볼 수 있을 거야. 파이팅!"

이러한 말 한마디는 아이에게 큰 힘이 된다. 또 평소에 시험을 치르는 환경과 비슷한 상태에서 문제를 푸는 것도 좋은 방법이다. 불안감을 이기기 위해서는 어떻게 하면 좋을까? 긍정적인 생각이 최고의 처방전이다. 시험과 연관된 부정적인 감정은 싹둑 끊어버리자.

중학교에 입학하자마자 전교 1등. 그 자리를 악착같이 지키고 싶은 여학생이 있었다. 전교 1등 자리가 어디 그렇게 만만하랴. 쉬어야 할 시간에도 공부를 하며 잠도 줄이고, 밥 먹는 시간에도 책을 보았다. 아이 얼굴은 갈수록 창백해졌고, 결국 쓰러져 병원에 입원해야 했다. 그 여학생은 1년을 쉬고 우울증 치료까지 받은 후에야 학교로 복귀할 수 있었다고 한다. 아래 학년들과 같이 공부를 해야 했지만 다행히 상태가 많이 좋아졌다. 아이가 아빠한테 말했다.

"아빠, 시험 잘 보고 싶어서 마음속에서 또 난리를 치는 것 같아요."

"마음 편하게 가져. 시험 못 보면 어때! 자, 심호흡 길게 세 번만 하자."

아빠는 아이의 등을 따뜻하게 감싸주었다. 그 여학생은 과도한 불안감과 강박관념을 스스로 인정하고 극복하기 위해 노력하고 있다.

📖 슬럼프 극복하기

무조건 공부기 싫어진다. 아니 공부를 해야 할 이유를 모르겠다. 성적은 더 이상 오를 기미가 안 보이고, 이제는 현상 유지도 버겁다.

분명히 공부를 열심히 했지만 성적이 잘 오르지 않을 때가 있다. 다이어트를 할 때처럼 말이다. 어느 정도 살을 빼고 난 후에 몸무게가 쉽게 줄지 않는 것과 비슷한 현상이다. 중요한 것은 누구나 슬럼프를 겪는다는 사실이다. 단지 기간과 정도의 차이만 있을 뿐이다.

도대체 이 깜깜한 터널의 끝은 어디일까? 아무리 해도 안 되는 것 같아 그만 포기하고 싶다. 어쩌면 이렇게 좌절해버리고 싶은 그 순간이 슬럼프의 막바지일지도 모른다. 그렇다면 포기하기엔 너무 억울하지 않을까? 이런 슬럼프를 잘 버틴다면 한 단계 업그레이드된 점수를 만날 수 있다. 부모 입장에서도 힘들게 이겨낸 만큼의 보상을 받을 수 있다.

아이를 위해 내뱉은 자극적인 말이나 격려가 자칫 상처가 될 수도 있다. 공부에 대한 압박과 감당할 수 없는 기대치로 자신감마저 잃어버리고 말 것이다. 이런 스트레스를 지속적으로 받으면 누구나 도피하고픈 마음이 생긴다. 순간적인 충동으로 결국 파괴적인 행동이나 가출을 할 수도 있다.

스트레스는 공부의 최대 적이므로 특히 관리가 중요하다. 자신에게 맞는 방법으로 그때그때 스트레스를 풀어야 한다. 쌓이고 쌓이면 결국 엉뚱한 곳에서 터질 수밖에 없다. 스트레스 관리를 통해 안정감을 얻는다면 학습 효과는 저절로 올라간다.

우리 아이 스트레스를 어떻게 풀어주면 좋을까? 아이가 학원에서 오는 시간에 맞춰 마중을 나가보자. 차보다는 천천히 걸어보자. 오는 길에 아이가 좋아하는 아이스크림가게라도 들러 살짝 수다도 떤다. 아이와 이야기를 나눌 때는 그냥 아이말만 들어주자. 공감하는 것만으로도 큰 도움이 된다. 시간이 넉넉한 주말도 좋다. 땀 흘려 운동하는 것도 좋고, 아이가 좋아하는 취미에 푹 빠지도록 시간을 허락해주자.

카따(카카오스토리 왕따), 어떻게 해야 할까요?

공부 스타일
따라잡기 ㉓

A 카따(카카오스토리 왕따)란 카톡으로 괴롭히고 왕따시키는 것을 말한다. 무리를 지어 서로 없는 말을 만들어내고 따돌린다. 거친 욕으로 처음부터 끝까지 도배하기도 한다. 하지만 가해자는 엄마가 보기 전에 카톡 대화방을 나가버리거나 자기에게 불리한 대화 내용을 삭제한다. 가해자의 엄마가 카톡 단체방의 내용을 보았다 한들 알 리가 없다.

일선 학교 선생님의 말에 의하면 스마트폰을 쓴 이후 학업 스트레스 많은 아이들이 걷잡을 수 없을 만큼 순식간에 변했다고 한다. 왕따보다 무서운 카따(카카오스토리 왕따)는 그 위력이 엄청나다. 시간적 공간적 제약이 없어서 오프라인보다 그 파급력과 영향력이 훨씬 더 크며 수위도 높다. 또 얼굴을 보며 말로 할 때보다 카톡으로 보낼 때 훨씬 잔인한 면을 보인다.

단체로 한 친구를 선택해 욕설을 퍼붓거나 굴욕적인 사진을 공개하기도 한다. 왕따 친구를 초대한 뒤 단체로 무시를 하는데 만약 피해 학생이 단톡(단체카톡)을 나가면 지속적으로 다시 초대하여 '카톡 감옥'에서 빠져나가지 못하도록 만든다. 때론 배터리가 나갈 정도로 끊임없이 무의미한 메시지를 보내 아무것도 못하도록 괴롭힌다.

2012년 3월 '학교폭력 예방 및 대책에 관한 법률'이 개정되면서 사이버 따돌림이 처음으로 학교폭력의 한 유형에 포함되었다. 카따는 누구도 피해 갈 수 없다. 만약 우리 아이가 카따를 당했다면 글이나 사진을 캡처해서 저장해두어야 한다. 가해 학생들은 문제가 발생하면 바로 해당 글을 삭제하기 때문에 증거 확보가 어렵다는 점을 꼭 기억하자.

2

컴퓨터와의
전쟁

📖 인터넷 블랙홀 속으로 빠지다

지혜는 집에 오자마자 컴퓨터를 켠다. 메일을 확인한 후에 각종 카페와 사이트에 올라온 글들을 차례차례 읽는다. 사실 게임은 조금밖에 안 한다. 그냥 컴퓨터를 켜놓고 공부해야 마음이 편할 뿐이다. 메신저로 친구들과 수다를 떨며 밥을 먹기도 한다. 참새 방앗간 가듯 수다도 떨어야 스트레스를 날려버릴 수 있으니까……. 물론 엄마가 드라마에 빠져 있는 시간이면 눈치껏 연예인 카페로 고고씽! 친구들과의 대화에서 낙오(?)되지 않으려면 오락 프로그램 본방 사수는 기본이다. 지혜는 지금도 인터넷 사이트 여기저기를 누비고 다닌다.

아이들은 자꾸만 인터넷 속으로 빠져든다. 그들은 왜 자꾸 사이버 세상 속으로 들어가려고 하는 것일까? 일단 아이들의 욕구를 이해해보자. 어른들은 아이들이 하고 싶은 것을 모조리 하지 말라고 하고, 아이들은 부모의 말에 모두 '잔소리'라는 바코드를 붙여버린다. 부모의 통제로부터 무조건 벗어나기 위해서 발버둥을 친다. 사실 아이들도 부모가 생각하는 것 이상으로 공부를 잘 하고 싶어한다. 하지만 시험점수를 확인하는 순간, 바람 빠진 풍선처럼 쪼그라들기만 한다. 그렇게 아이들 마음은 상처투성이인 채로 뒹굴고 있다. 해도 안 되니 자꾸만 현실을 회피하고 싶은 것이다.

인터넷은 이렇게 현실에서 좌절된 욕구들을 친절하게 만족시켜준다. 그러니 인터넷은 아이들에게 굉장한 유혹의 손길이며, 현실에서 이루지 못하는 것을 뭐든지 가능케 해주는 공간이다.

청소년기에는 멋진 모습으로 친구들의 관심과 인정을 받고 싶어한다. 하지만 왠지 친구들 주변에서 겉돌고 있는 것만 같아 늘 불안하다. '아차' 하는 순간 왕따로 몰리는 친구들을 보면 남의 일 같지가 않다.

인터넷에 들어가면 모든 것이 새롭고 화려하며, 왕따 같은 것도 없다. 아바타로 얼마든지 짱이 될 수 있다. 물론 아이템을 구입하려면 약간의 돈이 들지만 근사한 이름과 멋진 모습으로 변신할 수 있기에 그 정도 비용은 감수한다. 다른 아바타와 경쟁도 하면서 또 다른 권력과 소유욕을 경험하게 된다. 스타가 된 것 같은 착각에 빠져 스스로의 존재감과 영향력이 커질수록 더욱 헤어나오기가 어렵다.

인터넷은 최신 유행과 온갖 흥밋거리가 넘치는 정보의 놀이터이다. 클릭 한 번으로 어디든지 갈 수 있다. 관심 있는 정보뿐만 아니라 최신 유행 영화와 음악, 각종 음란물 등 원하는 것을 모두 내 손안에 넣을 수 있는 알라딘의 요술램프다. 도리어 그 속에 빠지지 않는 것이 이상할 정도이다.

게임에 빠지면 문제는 더 심각해진다. 1시간이 눈 깜짝할 사이에 지나가버린다. 아이들은 3시간 이상 게임을 해야 포만감을 느낀다고 한다. 1시간 찔끔 하다가 그만두는 것은 안 하는 것만 못하다.

게임을 하려고 컴퓨터를 켜든 PC방에 가든 '1시간만 하고 공부해야지' 하고 굳게 다짐을 하지만, 결심은 딱 그때뿐이다. 숙제를 하려고 컴퓨터를 켜지만 손은 어느새 게임에 가 있다. 스타크래프트, 울티마 온라인, 리니지, 디아블로 같은 게임에 빠지면 사실 성인들도 헤어나오기 어렵다. 유혹에 약한 아이들이 오죽하랴.

늦은 밤까지 학원에 다니고 숙제와 복습을 하다 보니 아침에 늦잠을 자기 일쑤다. 깨우려고 하면 온갖 짜증을 부리며 실랑이를 하는 날이 많아진다. 부모 입장에서는 아이가 밤새 공부한 줄 알고 그저 안쓰럽기만 하다.

그런데 어느 날 아이가 책상에 엎드려 자고 있어 침대에 가서 편히 자라고 말하려고 가보니 컴퓨터 화면이 게임이다. 어떤 날은 아침에 이불을 들추면 닌텐도 게임기가 나오고, 컴퓨터에 문제가 생겨 이것저것 찾다 보면 차마 눈 뜨고 못 볼 음란물이 나오기도 한다. 이런 일로 아이에게 배신감을 느낄 때가 많다.

하지만 이런 일은 우리 아이에게만 일어나는 것이 아니다. 어느 집이나 다 마찬가지다. 절대 광분하지 말자. 청소년기의 아이들을 이해하면 흥분을 조금 가라앉힐 수 있다. 사춘기 아이는 자기 잘못은 전혀 생각하지 못한다. 그들 입장에서는 엄마가 자신의 사생활을 침입한 천하에 나쁜 사람일 뿐이다. 오로지 신경질적이고 모욕적인 말이나 뉘앙스, 표정과 눈빛만 기억할 뿐이다. 결국 자신은 세상에서 가장 불쌍한 피해자이고, 엄마는 세상에서 가장 나쁜 가해자가 된다.

중독은 하루 4시간 이상 컴퓨터 앞에 있는 경우를 말한다. 빠지게 되는 것은 한순간이다. "나는 전업주부니까, 집에 있기 때문에 걱정 없어"라고 말하고 싶을지 모른다. 하지만 엄마가 외출하거나 부모들이 다 잠든 시간에 다시 일어나서 게임을 하는 아이들이 숱하게 많다. 친구 집(혹은 PC방)에서 과제를 한다며 게임에 탐닉하기도 한다.

결국 수면 부족으로 피로가 쌓일 수밖에 없다. 관심이 모두 딴 곳에 있으니 성적이 떨어지는 것은 당연한 일이다. 엄마가 갑자기 방에 들어오면 당황하거나 횡설수설은 기본이고, 급하게 모니터 창을 닫는 것은 보통이다. 인터넷 접속 시간이나 내용에 대해서도 딴소리를 하며 거짓말을 하는 경우도 비일비재하다.

가족의 합의하에 컴퓨터 사용 시간과 규칙을 정해보자. 또 오픈된 장소에 컴퓨터를 둔다. 서로의 마음을 충분히 이해한 상태에서 합의하는 것이 가장 좋은 소통 방법이다.

📑 음란물을 다 체크하겠다고?

필자의 아이는 키가 작아서 주기적으로 한약을 먹는다. 그런데 종종 약을 짓기 전에 이런저런 생활태도와 습관에 대해서 한의사 선생님께 상담을 요청한다.

그분은 슬하에 삼 형제를 두셨다. 첫째는 우리나라 최고의 명문대학에 다니고, 둘째와 셋째도 과학고와 외고를 다니고 있다. 우여곡절 삼 형제를 키웠으니 자녀 심리에 대해서는 고수의 단계에 있다.

"요즘 아이가 자꾸 늦잠을 자고, 화장실에 있는 시간도 늘었어요"라고 말했더니, 선생님 말씀이 정말 뜻밖이었다.

화장실에서 오래 있는 것은 손장난(?) 때문일 확률이 높고, 밤에 늦게 자니 당연히 늦게 일어나는 것이라고 했다. 그는 아이들이 한참 사춘기에 접어들었을 때 야동이나 기타 음란물을 그때그때 삭제하되, 하나 정도는 남겨놓았다고 했다. "애들도 숨 쉴 공간은 있어야지요"라고 말하면서 껄껄 웃는 그분이 마치 성인처럼 보였다.

음란물을 보는 것에 과민하게 반응하지 말자. 그런 유혹 속에서 건강하게 자랄 수 있도록 도와주는 것이 부모의 의무가 아닐까? '네가 이런 것을 보다니……' 라며 벌레 보듯 하지 말자. 대놓고 말하지 않아도 아이들은 부모의 표정과 눈빛으로 모든 것을 읽을 수 있다. 또한 경멸하는 눈빛과 표정은 자칫 성(性)이 더럽고 나쁜 것이라는 왜곡된 시각을 갖게 만든다. 아이가 건강한 성의식을 가질 수 있도록 부모가 도와주어야 한다.

손님 대하듯 예의를 갖추고 진심으로 대하자. 그래야 조금이라도 아이의 짜증과 반항에 현명하게 대처할 수 있다. 자기도 모르게 상처를 주는 막말을 쏟아붓지 않아야 한다.

꼭 안아주고 사랑한다고 말하자! 그러면 아이들도 마음을 조금씩 열 것이다.

인강을 듣다가
자꾸 게임을 하게 돼요.

A 인터넷을 하다 보면 그 정도가 경미할 뿐이지, 누구나 조금씩은 중독의 증후군을 보인다. 특히 자기통제가 어렵고 한참 사춘기에 빠져 있는 중학생들은 내 마음대로 할 수 있는 사이버 가상현실에 빠져들기가 쉽다. 그래서 부모들 중에 인터넷 강의를 신뢰하지 못하는 분들이 많다. 강의를 듣는 시간 동안 내내 옆에서 지켜볼 수 없으니 차라리 학원에 보내는 게 마음이 편하다고 한다. 하지만 인터넷 강의가 꼭 필요하다면?

인터넷 게임, 음란 사이트, 메신저, 미디어플레이어가 두렵다면 방법을 찾아보자. 우선 '인강 집중 모드'를 설치해서 공부에 불필요한 사이트의 접속을 제한하자. 또한 컴퓨터 게임에 빠져 있다면 게임 가계부를 적어 스스로 자제하는 법을 익히고, 일주일에 한 번쯤은 컴퓨터 휴(休)요일을 정해 부모와 자녀가 함께 지키도록 한다.

3

유쾌하게 이기는 감정 전달 방법

"도대체 어디로 갔지?"

태우는 정신이 없다. 일요일 오후에 수행평가 컴퓨터 과제를 다했는데, 분명히 저장해놓은 파일이 없어졌다. 갑자기 불길한 생각이 든다. 어제 동생이 컴퓨터 주변을 얼쩡거린 게 마음에 걸린다.

"형, 언제 끝나? 나 게임하고 싶은데."

전에도 컴퓨터게임을 한다고 이것저것 건드리다 자료가 삭제된 적이 있었다.

"이 자식을 가만두나 봐라."

게임 말고는 다른 걸 건드리지 말라고 주의를 줘야 했는데……후회가 마구 밀려온다. 그때 동생이 방으로 들어왔다. 소리를 지르려는 순간, 동생의 학습지 선생님 목소리가 들려 마음속으로 꾹 참았다. 그런데 범인은 동생이 아니었다.

"태우야, 미안해서 어떡하지? 어제 주민센터에서 컴퓨터하는 날이었거든. 엄마가 배운 것 복습하다 뭐가 잘못된 것 같아. 다시 한 번 가르쳐줄래?"

범인은 바로 엄마였다. 엄마가 파일을 복사하고 드래그하는 연습을 하다가 태우의 파일을 엉뚱한 곳에 붙여버린 것이다. 그것도 모르고 동생을 두들겨 팰 생각을 하고 있었으니! 태우는 가슴을 쓸어내리며 한숨을 내쉬었다.

"휴, 하마터면 큰일 날 뻔했네."

태우가 기분이 나쁘다고 앞뒤 상황도 따지지 않고 동생을 때렸으면 어떻게 되었을까? 동생은 일방적으로 맞고 일만 더 꼬이고 복잡하게 됐을 것이다. 여기서 중요한 것은 태우가 순간 참았다는 점이다. 브레이크를 잘 밟은 덕분에 더 큰 문제로 번지지 않았다. 이렇게 아주 짧은 순간의 판단이 완전히 다른 결과를 가져올 수 있다.

📖 '나'를 표현해봐

세상에 일어나는 모든 일을 내 마음대로 결정할 수는 없다. 부모를 내 의지로 고를 수 없을 뿐만 아니라 성별의 선택도 불가능하다. 시험 치는 날 도둑이 들어 시험지가 몽땅 없어지길 아무리

빌어도 그건 불가능한 일이다. 다른 사람의 마음을 내 마음대로 바꾸지도 못한다. 그런데 딱 하나 내 마음대로 할 수 있는 일이 있다. 어떤 일이 벌어졌을 때 '어떻게 할 거이지'를 고민하고 선택할 수 있다.

사람들은 종종 할 수 없는 일에 많은 에너지를 쏟는다. 그래서 걱정하고 근심만 한다. 뒤에서 자신의 흉을 보는 친구를 내 마음대로 어쩌지 못하고, 중간고사 때 망친 수학시험도 이미 지나간 일이다. 말 그대로 걱정해도 소용없는 일이고, 걱정과 근심의 대부분이 쓸데없는 일이다.

이렇게 할 수 없는 일에 에너지를 빼앗기지 말고 자신이 할 수 있는 일에 집중을 해야 한다. 할 수 있는 일에 집중하면 실현 가능한 일이 점점 많아진다. 생각을 바꾸는 것은 세상을 바꾸는 일만큼 대단하다. 할 수 없다고 생각하는 일을 할 수 있는 일로 조금씩 바꿔보자. 그러다 보면 할 수 있는 일이 점점 많아질 것이다.

할 수 없는 일	할 수 있는 일
너 때문에 기분 망쳤어	네 기분이 나쁘다고 나까지 나쁠 이유는 없지
도서관에 가야 해	도서관에 가기로 결정했어
난 못해	내가 할 수 있는 대안이 있을 거야
난 원래 그런 애잖아	난 더 잘할 수 있어
난 해야 해	이건 내가 선택한 거야

내 인생의 주인은 바로 '나'다. 할 수 없는 일에 집중하면 결국 남의 탓만 하게 된다. 그러면 자신의 인생을 결정하는 리모컨을

빼앗겨버린다. 리모컨을 빼앗기는 일은 하루에도 수십 번 이상 생길 수 있다. 날씨가 나빠 기분이 우울할 때, 원하는 친구와 짝이 되지 못했을 때, 공들여 완성한 미술과제에 물을 엎질러 망쳐버렸을 때, 억울한 누명을 썼을 때 등등. 행복과 불행을 선택하는 것은 자신의 몫이다. 도둑에게 내 집을 빼앗기고 그의 종이 된다면 너무 억울하지 않을까? 채널 고정! 내 인생의 채널은 내가 고정하자.

도저히 상대방의 행동을 받아드릴 수 없고 불쾌한 기분이 들 때, 자신의 감정을 잘 전달하는 것이 무엇보다 중요하다.

"척 보면 알지. 그것도 모르냐?"라고 말하기도 한다. 대충 지레짐작만 할 뿐이다. 말하지 않으면 제대로 알기가 어렵다. 자신의 감정과 생각을 표현하지 못하면 오해를 낳기 쉽다. 뿐만 아니라 감정적으로 행동하다 보면 상대에게 원하는 결과를 얻기도 어렵다. 상대의 기분을 상하지 않게 하면서 자신의 욕구를 표현해보자. 그러면 상대방도 태도를 바꿀 것이다.

● 나 전달법 (I message)

'나'의 입장에서 생각과 느낌을 솔직하게 표현한다. 그래야 상대방이 나의 감정을 잘 이해할 수 있다. 단, 표현을 할 때 상대에 대한 비난은 가급적 피해야 한다. 처음에는 어색하지만 효과가 정말 좋다.

동생이 텔레비전을 크게 틀어놓으면 시끄럽다. 문을 닫아도 공부에 방해가 된다. 그때 짜증을 내며 큰소리를 지른다.

"야! 공부가 안 되잖아. 내가 시끄럽다고 했지? 좋은 말로 할 때 텔레비전 꺼. 하나, 둘, 셋! 안 끄면 나한테 죽는다."

이 말을 들은 동생은 기분이 나쁠 것이다. 텔레비전을 끄지도 않을뿐더러 말다툼만 생긴다. 이번에는 '나 전달법' 3단계로 말해보자.

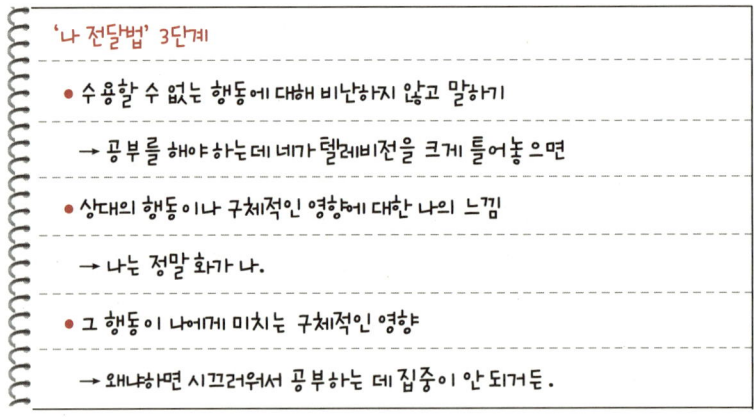

'나 전달법' 3단계
● 수용할 수 없는 행동에 대해 비난하지 않고 말하기
  → 공부를 해야하는데 네가 텔레비전을 크게 틀어놓으면
● 상대의 행동이나 구체적인 영향에 대한 나의 느낌
  → 나는 정말 화가 나.
● 그 행동이 나에게 미치는 구체적인 영향
  → 왜냐하면 시끄러워서 공부하는 데 집중이 안 되거든.

● 너 전달법(You message)

"네가 ~했기 때문에"라는 식으로 상대의 결점을 들춰 기분 나쁘게 말하면 상대방은 당연히 기분이 상한다. 꾸짖거나 나무랄 일이라고 해도 다음과 같은 말은 상대의 기분만 망칠 뿐 문제해결에 도움이 안 된다.

"엄마가 늦게 깨우는 바람에 지각이잖아!"

"네가 잘못해서 공을 빼앗기는 바람에 우리 팀이 졌잖아. 바보같이…… 너 때문이야."

'너 전달법'에 비해 '나 전달법'은 어디에서든 효과적으로 사용할 수 있다. 집에서도 마찬가지다. 부모와 자녀는 간혹 가치관의 차이로 부딪치기도 한다.

문제는 부모가 아이의 요구를 존중해주는 법을 잘 모른다는 점이다. 대체로 부모 세대들은 어렸을 때 그런 대접을 받고 자라지 못했다. 존중하는 법을 배우거나 느껴보지 않았으니 자녀에게도 자신의 생각만 일방적으로 요구한다. 이럴 때 부정적인 느낌을 감정적으로 표현하면 싸움만 날 뿐이다. 효과적인 '나 전달법'은 소통이 막혔을 때 시원하게 써먹을 수 있는 '뚫어 뻥'이 될 것이다.

싫은 부탁을 받았을 때 유쾌하게 이기는 레시피

집보다 밖에서 생활하는 시간이 많은 아이들은 식구들의 작은 부탁은 한마디로 거절하면서 학교나 학원에서는 다른 행동을 한다. 친구 관계가 깨질까 봐 두렵기 때문이다. 하지만 싫은 것을 거절하지 못하면 결국 싫은 일을 계속할 수밖에 없다. 즉 딱 부러지게 거절하지 못하면 끊임없이 강요당하게 된다. 거절할 때는 괜한 변명을 늘어놓거나 미안하다는 이유로 돌려서 말하지 말자.

친구가 매점 앞에서 배가 고프다며 돈을 빌려달라고 한다.

"어떡하지? 어제 내 동생한테 돈을 빌려줬어"라며 구구절절 변명하지 말고, 그냥 있는 그대로 말한다.

"문제집 살 돈밖에 없어서 빌려줄 수 없어. 미안해."

남자아이들에 비해 여자아이들은 몰려다니기를 좋아한다. 시험기간 중에 도서관에 함께 공부를 하러 갔다고 가정해보자. 열심히 공부해도 모자랄 판에 친구의 제안을 쉽게 뿌리치지 못한다.

"점심 먹고 볼펜 사러 문방구에 같이 가자. 오는 길에 팥빙수 살게."

문방구까지는 한참을 걸어가야 하고 팥빙수를 먹으면 한두 시간이 뚝딱 지나가버린다. 같이 안 가면 싫어할까 봐 할 수 없이 따라나서지만, 이럴 때는 딱 잘라 거절해야 한다. "안 돼. 지금은 곤란해. 그럴 상황이 아니거든" 하고 정확하게 거절해야 한다.

자기 자신을 불편하게 하는 여러 부탁들 앞에서 우물쭈물하다 보면, 항상 상대의 부탁에 끌려다니게 된다. 거절은 확실하게 하자.

친구들에게 인기 많은 사람이 되고 싶어요.

공부 스타일 따라잡기 ㉕

A 친구와 갈등 상황일 때 공격하거나 비난하는 것은 금물이다. 한 걸음 물러나자. 갈등은 승패의 문제가 아니라 해결해야 할 문제이다. 어느 쪽이 옳은지 따지지 말자. 효과적인 해결 방법을 찾는 데 목표를 두어야 한다. 시간을 가지고 상대방의 입장을 이해하자. 그리고 상대방이 충분히 수용할 수 있도록 의견을 요약해서 말해보자. 남이 자신의 말을 경청한다고 생각하면 자신도 상대방의 말에 귀를 기울이게 마련이다. 그러다 보면 저절로 친구들이 주변에 모이게 된다.

긍정적인 생각이
모든 것의 출발점

론다 번의 《시크릿》이 선풍적인 인기를 끈 적이 있다. 남녀노소, 직업, 계층을 불문하고 두루 읽힌 이 책의 매력은 무엇일까? 답은 의외로 간단하다. 긍정적인 생각을 하면 긍정적인 일들이 연이어 일어나고, 부정적인 생각을 하면 반대의 결과가 온다는 것이다. 이 책은 이른바 '끌어당김의 법칙'을 여러 가지 예를 통해 증명해준다.

긍정적 마인드와 성적은 비례한다

"원래 머리는 좋은 아이에요. 한번 마음먹으면 제대로 할 아인데……."

"똑똑한데 공부할 생각을 안 해요. 할 의지만 있으면 금방 자기

페이스로 따라갈 수 있을 텐데⋯⋯."

아이가 학년이 올라갈수록 부모들은 이렇게 말끝을 흐리는 경우가 많아진다. 그러나 아이들은 아이들대로 힘들다. 특목고를 준비하는 등 엄청난 학습량으로 이미 지칠 대로 지쳐 있다. 새벽 늦게까지 공부해서 아침에 아무리 깨워도 잘 일어나지 못한다. 아침밥보다 아침잠이 백배 더 달콤하고 맛있다. 턱없이 부족한 수면시간 때문에 학교에서는 졸기 일쑤고, 좀처럼 능률도 오르지 않는다.

한다고 해도 시험점수와 학원 레벨테스트 점수는 기대에 못 미친다. 학년 석차를 올리기도 갈수록 힘들어진다. 마음은 점점 조급해지는데 좌절감은 날로 커진다.

이런 실패와 좌절의 경험들이 자꾸 쌓이다 보면 공부할 의욕이 연기처럼 사라진다. 공부에 대한 흥미도 잃어버리고 만다. 오르지 않는 성적으로 한숨과 고민만 쌓여간다. 이렇게 누적된 스트레스로 집중도 잘 안 되고 몸과 마음도 지치고 피곤하다. 결국 "아무리 해봐야 별수 없어. 나는 안 돼" 하고 자포자기를 한다.

사실 공부가 뭐가 재미있겠는가? 아이 입장에서는 친구 문제도 만만치 않고, 감당하기 힘든 어른들의 기대감도 버겁기만 하다. 한참 사춘기라 사흘이 멀다 하고 잡아먹을듯 부모에게 대들고, 이성 친구라도 사귀면 감정은 파도를 타듯 극과 극을 넘나든다.

힘들다고 그냥 회피하지 말자. 피한다고 해결될 문제가 아니다. 넘어졌다면 다시 일어서야 한다. 자전거를 배울 때 넘어지는 과정 없이 잘 탈 수 없는 것처럼 공부도 마찬가지다. 공부를 잘하려면 힘든 과정을 통과해야 한다는 사실을 있는 그대로 인정하자. 그리고 고비를 이겨낼 수 있다는 자신감을 갖자. 다시 훌훌 털고 일어서는 방법을 찾아보는 것이다. 시험문제에는 답이 정해져 있지만, 인생을 살아가는 데는 정해진 답이 없다. 선택권은 자기 자신에게 있다. 힘들다고 주저앉는 것을 선택할 수 있고, 할 수 있다는 긍정적인 생각으로 다시 시작할 수도 있다.

'나도 할 수 있다'는 생각을 가지면 무서울 게 없다. 무엇이든 긍정적으로 생각하고 덤비는 사람한테는 이길 수가 없다. 더 이상 힘들다고 툴툴거리고 질질 끌려다니지 말자.

📖 부모가 심어주는 긍정적 동기부여

동기부여란 무엇인가 원하고, 하고 싶은 욕구를 행동으로 옮길 수 있도록 만드는 마음의 힘이다. 가장 쉽게 얻을 수 있는 것은 칭찬이나 어떤 보상과 같은 외부 자극이다. 긍정적인 동기부여를 갖기 위해서는 어떻게 하는 것이 좋을까?

첫째, 부모와 선생님의 칭찬과 격려는 아이에게 큰 힘이 된다. 칭찬을 공수표로 마구 남발하면 효과가 없다. 판에 박힌 칭찬은 이제 그만! 구체적인 이유를 들어서 해야 효과적이다. 결과보다는 과정과 노력에 대한 칭찬을 더 많이 해주자. 아이의 실수와 잘못에 대해서도 야단치기보다는 믿음을 보여주면 아이는 자신의 힘으로 커간다.

칭찬이라고 다 같은 게 아니다. 지나친 칭찬은 때로 부담감으로 질식하게 만든다. 예를 들어 평소 소심하고 자신감 없는 아이에게 무작정 "넌 할 수 있어"라고 밀어붙여도 효과가 있을까?

첫 중간고사에서 평균 78점을 받은 학생에게 "넌 할 수 있어. 기말고사 때는 95점 이상을 받을 수 있어"라고 말하는 것은 과잉 칭찬이다. 아이는 순간 자신의 상황과 부모의 기대치 사이에 큰 차이가 있다는 것을 알고 크게 실망할 것이다. 긍정적이고 현실적인 상황을 받아드릴 때 비로소 용기가 생기고, 하려는 의지도 굳건해진다.

하지만 무작정 밀어붙이기식으로 하면 시작하기도 전에 좌절하고 말 것이다. 차라리 "이번 시험에서는 실수가 많았으니까 다음에는 실수를 줄이고 열심히 해서 80점을 목표로 해보자. 할 수 있지?"라는 현실적인 말이 아이에게 더 힘을 준다.

둘째, 역할 모델을 찾는다. 부모가 역할 모델이 되면 더없이 좋겠지만, 사춘기에 들어서면 부모 말이 잘 먹히지 않는다. 가족이나 친척, 가까운 주변 사람들 중에서 역할 모델을 찾아보자. 혹은 책 속에서도 찾을 수 있다.

어떤 분야든 최고의 자리에 있는 사람들에게는 재능뿐만 아니라 끈기와 노력, 도전의식, 고난을 극복해내는 힘이 있다. 힘든 시기를 견디고 성공한 사람들의 글을 읽으면 자기도 모르게 손이 불끈 쥐어지기도 한다. 역할모델을 찾아 그 장점을 보고 배우면 그만큼 시행착오를 줄일 수 있다. 성공 지름길로 가는 것과 마찬가지다. 자극을 주기에 충분한 역할모델이 주변에 있다면 힘들 때 구체적인 도움을 청할 수 있기 때문에 금상첨화다.

셋째, 누군가에게 작은 도움을 베푼다. 다른 사람을 도와주면 기분이 좋아진다. 자신감도 생기고 자신을 되돌아볼 기회도 생긴다. 자신보다 어려운 상황에서도 열심히 사는 사람들을 통해 많은 것을 배울 수 있기 때문이다. 추운 날씨에 길거리에서 행상을 하는 사람만 봐도 나만 힘들다고 투정을 부린 게 부끄러워진다. 다른 사람에 대한 사랑과 연민이 있는 사람만이 더 큰사람이 될 수 있다.

넷째, 보상을 해준다. 눈에 보이는 큰 보상은 당장에 효과가 나타나지만, 유효기간이 짧다는 단점이 있다. 특히 물질적 보상 같은 경우엔 갈수록 그 크기가 커진다. 물질적 보상이 없거나 예상 기대치보다 작으면 오히려 하려는 의지마저 사라진다. 처음 시작은 외부적 보상을 선택하지만 익숙해진 후부터는 꼭 내적인 동기부여가 있어야 한다.

다섯째, 나 자신을 위해 공부한다고 생각한다. 누구나 마음속에 소망을 품고 있다. 학생이라면 공부를 잘하고 싶고, 가난한 사람은 부자가 되고 싶고, 미혼이라면 멋진 배우자를 만나 행복한 가정을 꾸리고 싶을 것이다.

이렇듯 부족함을 채우고 싶은 마음은 누구에게나 있다. 배가 고프면 먹고 싶고, 잠이 오면 자고 싶고, 추우면 따뜻한 곳에 들어가고 싶다. 타인을 위한 것이 아니라, 나 자신을 위한 일이다.

누군가를 위해 한다는 마음을 가지면 오래가기가 어렵다. "부모님을 위해 공부를 해야 돼"라는 마음으로 공부를 한다면 매일매일이 고통의 연속일 것이다. 다른 사람을 위한 것은 바로 '희생'이다. 그럼 억울하고 분하다. 희생은 한 번쯤 해줄 수 있지만 오래가지 못한다.

식당 주인은 아무리 힘들어도 가게에 손님이 바글바글하면 힘이 난다. 자기 일이기 때문이다. 하지만 종업원은 죽을 맛이다. 아무리 일해도 자신에게 돌아오는 것은 정해진 월급밖에 없기 때문이다.

아이가 공부를 주인의 마음으로 하는지, 종업원의 마음으로 하는지 생각해보자. 무슨 일이든지 "이건 내 일이다"라는 마음으로 해야 신이 난다. 아이가 공부하는 것을 무슨 엄청난 유세하듯 오만한 자세로 한다면 따끔하게 충고를 해야 한다. 자신을 위해 공부하는 것이지 부모를 위해 하는 것이 결코 아니다. 부모는 신경질 내고, 짜증 내고, 문 쾅쾅 닫는 아이의 스트레스를 무조건 받아주면 안 된다.

엄마도 아이를 존중하고, 아이도 엄마를 존중하는 관계가 되어야 한다. 가족은 힘들 때 서로 격려하고 따뜻하게 보듬는 존재라는 것을 인식시켜야 한다. 가족 중에 함부로 대해도 되는 사람은 아무도 없다.

여섯째, 긍정적 마인드로 모든 일을 스스로 해야 한다. 아침에 일어나 거울을 보며 자신 있게 주문을 걸자!

238

"난 할 수 있어."

우선 스스로 계획을 세우되 계획의 주도권도 스스로 쥐고, 능동적으로 공부해야 한다. 주변의 도움으로 학습 정보, 학습 기회, 학습 방법, 학습 자료를 모아 자신에게 맞는 것을 스스로 선택한다. 또 학습 과정을 자신의 능력, 여건, 목표에 맞춰 나간다. 학습 결과에 대해서는 누구 탓도 하지 말고 스스로 냉정하게 평가해야 한다.

긍정적인 생각은 학습에 대한 자신감을 심어준다. 결국 긍정은 자신감이란 건전지를 충전시키는 격이다. 빵빵하게 충전된 건전지로 실력을 업그레이드 해보자.

세상과 친해지고, 더 큰 나를 만드는 힘

행복은 성적순이 아니다. 공부는 행복해지기 위해 필요한 퍼즐 조각 중 하나일 뿐이다. 행복하게 살기 위해 필요한 인생의 퍼즐 조각은 공부 외에도 많다.

아이들은 갈수록 집보다 학교와 학원에서 더 많은 시간을 보낸다. 그들에게는 인간관계, 즉 친구 문제가 성적만큼 큰 스트레스다. 그 결과 성적 하락은 물론, 심지어 자살까지 생각하는 경우도 있다. 아이들은 장난삼아 친구를 괴롭히기도 하지만, 때로 고통스러울 정도로 괴롭힘을 당하기도 한다. 실타래처럼 엉킨 미묘한 친구관계를 건강하게 풀어야 공부도 잘할 수 있다. 세상과 친해지는 지혜를 통해 건전한 인간관계를 만들어보자.

● 세상과 친해지는 멋진 보석들

겸손 가진 게 없는 사람은 다른 사람도 가난하기를 바란다. 실패한 사람은 성공한 사람이, 가난한 자는 부자가, 못난 사람은 잘난 사람이, 못 배운 사람은 많이 배운 사람이 싫다. 열등감과 질투심이다. 그래서 나보다 잘난 사람을 보면 마냥 끌어내리고 싶다. 남보다 많이 가졌거나 좋은 일이 있을 때는 특히 조심해야 한다. 질투라는 무시무시한 독화살에 맞을지 모르기 때문이다.

그들은 그 감정을 결코 질투심이라고 생각하지 않는다. 그저 잘나가는 사람을 바닥에 내동댕이치고 싶을 뿐이다. 자기 마음대로 안 되는 것일수록 더하다. 누군가가 자식 자랑, 신랑 자랑, 돈 자랑을 하면 속에서 부글부글 끓는다. 자신의 처지를 비관하고 만족할 줄 모르기 때문이다.

하지만 우리는 부족하면 발전하기 위해 노력하고, 넘치면 스스로를 낮춰야 한다. 겸손은 가진 자만이 누릴 수 있는 여유로움이다. 가졌기에 떠벌릴 필요도 없다. 사람들은 자신을 낮추는 이들을 더 좋아하고 칭찬한다. 결국 자신을 더 높이는 고도의 전술인 셈이다.

유머 사람과 사람 사이의 벽을 한번에 허물 수 있는 망치가 있다. 바로 유머이다. 유머는 곤란한 상황에서 여유 있게 빠져나갈 수 있는 열쇠이다. 음식에 넣는 참기름 한 방울처럼 생활을 윤기 나도록 해준다. 당연히 유머러스한 사람은 인기 만점이다.

사람들은 상하관계에서 권위적이고 일방적인 지시를 일단 따르지만, 마음은 굳게 닫아버린다. 하지만 유머는 권위를 부드럽게 만들고 상하관계를 유연하게 도와주기 때문에 리더에게 필수품이다. 사람의 마음을 움직일 줄 알아야 진짜 리더가 될 수 있다.

상황을 날카롭게 볼 줄 알고, 재치 있고, 남을 수용할 줄 아는 따뜻한 마음이 있어야 진짜 유머가 나온다. 그래서 남을 깔보거나 비아냥거리는 말장난, 성적 수치심을 자극하는 말, 상황에 걸맞지 않는 유머는 오히려 자신을 경박하게 보이게 할 뿐이다. 진정한 유머는 무엇인가? 고정관념을 깬 자유로운 사고, 상대에 대한 배려, 상황에 대한 종합적 이해에서 나온다. 평소 꾸준한 독서 습관이 진정한 유머를 배양하는 토양이 된다.

베풂 일방적인 관계는 오래가지 못한다. 서로에게 도움이 되지 않는다면 지속적인 관계가 어렵다. 바로 'give and take'이다. 받고 싶으면 먼저 주어라.

이기주의자는 당장 눈앞의 이익에 연연하는 어리석은 사람이다. 베풀 줄 아는 사람은 현명하다. 결국 더 많은 것을 가질 수 있다. 처음에는 손해를 보는 것처럼 억울한 기분이 들기도 한다. 하지만 주면 줄수록 더 많이 받을 수 있다. 사랑을 주면 더 큰 사랑이, 신뢰를 주면 더 큰 신뢰가, 믿음을 주면 더 큰 믿음이 다가온다.

진심으로 마음을 베풀어라. 타인에게 미소와 격려, 위로와 칭찬, 용서를 베푸는 데는 돈이 들지 않는다. 상대에게 더 많이 받지 않았다고 서운해할 필요도 없다. 베풀 수 있음이 곧 행복임을 알게 될 테니까…….

● 더 큰 나를 만드는 처방전

`화` 분노가 폭발하는 순간 모든 것은 끝난다. 이성을 잃으면서 자신은 물론 상대방도 불구덩이 속으로 처박는다. 아무리 화가 나도 상대의 치명적인 약점을 건드리면 안 된다. 해서는 안 될 말을 하는 순간 후환과 후회로 뒤범벅이 된다. 그리고 모든 관계는 끝이 난다. 화산이 폭발하기 전에 조금씩 표현해야 한다. 부드럽게 말하되 확실하고 단호하게 표현한다.

우선 나와 상대가 다름을 인정하자. 진짜 화가 나는 이유는 상대방의 행동이나 상황이 아니다. 바로 자기가 받아드린 상처이다. 외부자극에 분노라는 감정을 스스로 선택한 것이다. 결국 본인 문제이고, 본인 책임이다. 화가 난 상태라면 일단 그 자리를 피해 한 템포 숨을 고르는 편이 낫다. 격앙된 감정이 진정된 다음에 다시 이야기를 나누는 게 좋다.

`거절` 모든 것을 다 얻을 수는 없다. 모든 사람에게 사랑을 받을 수도 없다. 모든 사람에게 잘 보이려고 하면 그 누구의 마음도 얻지 못한다. 불편하다면 거절하라. 물론 거절하는 것은 쉽지 않

다. 아니, 허락하는 것보다 백배는 더 어렵다.

주인이 있는 물건은 누구도 함부로 건드리지 못한다. 하지만 주인이 없다면? 결과는 뻔하다. 거절은 주인 앞에 물건이 있는 상황과 같다. 거절하지 못하면 주인 없는 물건처럼 함부로 할 수도 있다. 상대에게 질질 끌려다니면 결국 자신의 시간과 돈과 에너지를 빼앗기고 만다. 내가 거절하면 상대가 나를 버릴까 봐 두려워하지 마라. 그런 사람이라면 당장에 인연을 끊는 편이 낫다. 거절은 단호하면서도 부드럽게, 분명하면서도 예의 바르게 하자. 거절은 곧 나를 지키는 힘이다.

걱정 《느리게 사는 즐거움》의 저자 젤린스키에 의하면 우리가 하는 걱정거리의 40퍼센트는 절대 일어나지 않을 사건들이고, 30퍼센트는 이미 일어난 사건들, 22퍼센트는 사소한 사건들, 4퍼센트는 우리가 바꿀 수 없는 사건들이라고 한다. 나머지 4퍼센트만이 우리가 대처할 수 있는 사건이다. 즉 우리가 걱정하는 일들의 96퍼센트가 쓸데없는 걱정이다.

걱정은 내 인생에 전혀 도움이 되지 않는 습관이다. 걱정거리가 생긴다면 종이에 써보자. 걱정을 하게 만든 그 시점에 가서 다시 읽어보면 어떨까? 별것도 아닌데 심각하게 고민했다는 것을 곧 알게 될 것이다.

● 가정에서 사회성을 가르쳐라

카네기 공과대학에서 세상살이에 실패한 1만 명을 대상으로 원인을 분석했다. 그 결과 전문지식이나 기술이 부족하여 실패한 사람은 단 15퍼센트에 불과했다. 그러나 인간관계에서 문제가 생겨 실패한 사람이 무려 85퍼센트나 되었다고 한다.

세상과 친해지기 위해서는 공부 이외에도 필요한 것이 많다. 세상과 친해지는 지혜는 삶을 풍요롭고 아름답게 보는 안목을 길러준다. 나를 더 크게 만들어주는 힘은 세상으로부터 자신을 보호하고 안전하게 지켜준다.

문제는 이것들을 사회에 나가서 배우려고 하면 이미 늦다는 점이다. 사회성은 어릴 때부터 가정에서 배워야 하며, 전적으로 부모의 책임이다. 성적에만 얽매이지 말고 우리 아이의 미래를 결정해주는 사회성에도 관심을 갖자.

공부 잘하는 방법 좀 알려주세요.

공부 스타일 따라잡기 ㉖

A 이 책을 읽는 모든 학부모와 학생들의 바람은 오직 성적 향상일 것이다. 그러나 이 책만 읽으면 학업 성적이 크게 오를 것이라고 감히 말하지는 않겠다.

대신 이 책을 읽고 조금이라도 마인드가 바뀌고 작은 학습법 하나라도 실천한다면 큰 성공이다. 공부도 사랑처럼 절대적인 방법은 존재하지 않는다. 학문에는 왕도가 없다는 말도 있지 않은가!

공부는 사람마다 그 방법이 다르기 때문에 자기에게 잘 맞는 방법을 찾아 습관을 들이는 것이 가장 중요하다. 자기에게 맞는 공부습관만이 학업 성적을 올리는 비법이다. 어떤 학원에 다니든지, 어떤 책을 읽든지 자신의 소화능력에 따라 그 효과도 크게 달라진다. 자녀가 학습 소화능력을 제대로 발휘할 수 있도록 도와주는 최고의 도우미는 부모의 관심과 노력이다.

방학은 부족한 부분을 보충하고 다음 학기를 대비할 수 있는 유용한 기간이다. 공부 계획을 제대로 세워 공부 습관을 들이면 방학을 진짜 실력을 쌓을 절호의 기회로 만들 수 있다.

7장

업그레이드
방학 계획

1

학원 셔틀, 방학인데 공부는 언제 할래?

📖 학원 상담에 말리면 방학 계획 망친다

방학 한 달 전부터 엄마들은 아이의 방학 일정을 짜느라 바쁘다. 방학은 아이의 학업 능력을 한 단계 업그레이드할 절호의 찬스이기 때문이다. 그래서 일부 엄마들은 여기저기 학원 설명회에 빠지지 않고 참석하고, 제법 입소문이 난 학원에 가서 상담도 꼼꼼히 한다.

학원의 상담 선생님은 학부모의 자녀가 상위권 학생이면 특목고 입학 정보와 대입 전략을, 중위권 학생이면 상위권 진입을 목표로 내세우며 밀착 공략을 한다. 엄마들이 현재 자녀가 다니는 학원의 아쉬운 점을 언급하면, 이때를 노려 경쟁 학원의 시스템이나 강사진의 문제점을 지적하면서 대안을 제시한다. 상담 선생님이 무당집 점 보듯 척척 꿰뚫다 보니 엄마들은 선생님이 내놓는 대안에 귀가 솔깃해지게 마련이다.

그 대안은 결국 자기 학원으로 옮기라는 것이다. 유명 강사진, 1:1 업그레이드된 첨삭 지도, 소수 정예 강좌를 통한 확실한 실력 향상, 레벨에 따라 세분화된 반 편성 등 자기네 학원의 장점을 늘어놓는다. 현수막을 수놓은, 자녀가 다니는 학교의 최상위 학생도 자기 학원 출신임을 친절하게 알려준다. 부모가 재력이 있어 보이면 원장 직강 과외까지 부추긴다. 그래서 특정 과목 수강을 상담하러 갔다가 종합반 등록까지 하는 엄마들이 많다.

이렇게 상담 선생님이 늘어놓는 말들에 휩쓸리지 않도록 주의해야 한다. 자녀의 학습 능력이나 성향 등을 고려하지 않고 귀가 솔깃한 말에 넘어가면 돈 낭비, 시간 낭비도 모자라 아이의 몸까지 축나기 십상이다.

📖 학원 셔틀, 공부는 언제 할래?

지방에 있던 연우 엄마는 아이들 교육을 위해 서울로 이사 갔다. 의사 남편의 반대를 무릅쓰고 주말 부부가 되었다. 연우 엄마는 높은 집값 때문에 강남 진입은 꿈도 못 꾸고 목동에 집을 구한 뒤 아이들 교육에 전념했다. 목동 학원가에서 괜찮다는 학원을 여기저기 보내며 한 달에 250만 원 가까이 사교육비를 지출했다. 그러다 몇 년이 지나자 연우 엄마는 강남으로 원정을 가기 시작했다.

'사교육 재테크!' 중학교 때 제대로 투자하면 고등학교 때 그 돈의 3~4배에 달하는 사교육비를 아낄 수 있기 때문에 나온 말이라 한다. 여전히 이런 말이 학원가에서 공공연하게 떠돌고 있다. 중2인 연우는 일정이 빈틈 하나 없이 빽빽했고, 이 학원 저 학원을 다니느라 공부할 시간이 절대적으로 부족했다. 학원 숙제만으로도 버거웠고 아이는 점점 지쳐갔다. 외고에 보내기 위해 온갖 학원에 다 보냈지만 외고 입학에 실패한 후 연우는 일반 고등학교에 입학했다.

사교육 재테크라며 중학교 때 아낌없이 썼음에도 연우 엄마는 연우가 고3이 되었을 때 마이너스 통장으로 남편 몰래 사교육비로 수천만 원을 더 썼다. 국영수 강의뿐만 아니라 명문대별 논술까지 섭렵했다. 연우 엄마는 연우가 서울대 논술팀 수업을 받으면 서울대 입학이라도 한 것처럼 행동했다. 서울대 논술팀에 아무나 들어갈 수 없다고 생각했기 때문이다. 그래서 연우 엄마는 우월감에 휩싸여 주변에 자랑까지 했다. 하지만 불행히도 재수를 했고, 그다음 해에 턱걸이로 겨우 'in 서울' 하는 것으로 만족해야 했다.

지금도 방학에 자녀에게 '학원 뺑뺑이'를 시키며 무리하게 욕심을 내는 학부모들이 종종 있다. 탐나는 것을 다 시키다 보니 살인적인 스케줄로 이어지기 일쑤다. 길바닥에 날마다 몇 시간씩 버리는 것은 기본이고, 시간을 줄이려고 엄마들이 로드매니저가 되어 승용차로 아이를 실어 나른다. 그러다 보면 아이와 엄마가 한몸이 되어 이른 아침부터 늦은 밤까지 '학원 뺑뺑이'를 하게 된다.

지방도 예외는 아니다. 지역마다 나름 '강남'이 있게 마련이고, 실력 있는 학원가 선생님은 그 지역을 벗어나지 않으므로 멀리서 그 지역의 '강남'으로 원정 가기 일쑤다.

방학 시작! 원정파 학생들은 평소 학교 다닐 때보다 더 고달프다. 1시간 더 일찍 일어나고, 1시간 더 늦게 잔다. 방학 특강 때문이다. 식사 시간도 따로 없다. 학원 이동 시간을 틈타 승용차 안에서 먹어야 한다. 원정파 학생들 중에는 국어, 영어, 수학, 과학, 논술 학원을 다니고, 특정 과목은 학원 수강 외에도 그룹 과외 개인 과외를 받는 경우도 많다. 어디 그뿐인가? 컴퓨터인증시험과 한문급수시험 준비도 따로 한다.

이렇게 학원 뺑뺑이를 도는 학생들이 학원 강의 시간을 빼고 진짜 자기 공부를 할 수 있는 시간을 낼 수 있을까? 배운 것을 내 것으로 익히는 시간이 절대적으로 부족한 탓에 온갖 좋다는, 혹은 그때마다 유행하는 사교육을 다 시키고도 실패하기 십상이다. 이렇듯 돈과 시간을 투자해서 일명 그 지역의 '강남' 학원가를 섭렵했다 할지라도 효과를 장담할 수 없다.

📖 딱 걸렸다! 학원의 낚시질 떡밥

학원을 활용할 때 유의할 점이 있다. 대형 할인마트에서 미끼용 상품으로 고객을 유인하듯 학원도 마찬가지다. 신도시에 사는 수환 엄마는 동네 학원에서 강남의 잘나가는 강사를 초빙해 방학 특강을 연다는 정보를 알게 되었다. 강남까지 가지 않고도 강남의 강의를 들을 수 있다니 얼마나 흥분이 되겠는가!

이틀 뒤에 학원을 방문했지만 이미 접수 마감이 되었다고 한다. 사실 인기 강좌들은 접수 시작 후 금방 마감이 되기 일쑤다. 학원에서는 이런 미끼용 A급 인기 강좌를 대신할 다른 비슷한 강좌를 신청하라고 유도한다. 혹은 실력이 부족하다며 한 단계 낮춰 실력을 올린 후에 A급 강좌를 수강할 것을 요구한다. 이러지도 저러지도 못한 채 우물쭈물하다 보면 어느새 학원의 먹잇감이 되기 십상이다.

또 인기 높은 대표 과목이 있는 학원에서는 보통 다른 과목과 함께 수강하는 패키지로 강의를 편성하는 일이 많다. 사실 인기 강좌들만을 찾아 수강하기란 여간 어려운 일이 아니다. 따라서 우선순위로 정한 강의를 듣는 학원에서 다른 과목도 함께 수강하는 경우가 많은데 이럴 경우 한 과목만 A급 강사의 강의를 듣고 다른 과목들은 B급 강사의 강의를 들을 수도 있다. 물론 그 강사가 강남에서 진짜 잘나가는지, 혹은 강남에서 온 게 맞긴 맞는지도 확인할 수 없는 노릇이다. 강남에서 잘나가는 강사가 왜 강남을 벗어났겠는가? 그런 일은 흔하지 않다.

방학 특강용 강좌를 명품으로 둔갑시키는 또 하나의 방식은 강사진이 명문대 출신이라는 점을 강조하는 것이다. 서울대 출신 강사들이 왜 이렇게도 많은지, 사실 학력 조작은 학원가에서 비일비재하다. 붕어빵에 붕어 없듯 학원 전단지에 나온 것처럼 강사들이 전부 최고 명문대 출신은 아니라는 것도 기억하자.

또 명문대 출신이라고 모두 명품 강의를 하는 것도 아니다. 어쩌면 일류 대학에 대한 환상 때문에 SKY 출신 강사에게 강의라도 들으면 아이가 조금이라도 자극을 받지 않을까 바라는 마음이 더 클지도 모른다. 거품 강의보다 어쩌면 꼼꼼하고 성실하게 지도해주는 소규모 학원 선생님의 강의가 훨씬 효과적일지 모른다. 부디 학원의 낚시질에 걸려들지 말자.

방학 중 공부 습관이
다음 학기 성적을 결정한다

학생들에게 방학은 매우 소중한 시간이다. 어떻게 보내느냐에 따라 다음 학기 성적이 달라지기 때문이다. 방학은 부족한 부분을 보충하고 다음 학기를 대비할 수 있는 유용한 기간이다. 중학교 시절 방학(여름방학과 겨울방학)인 매년 3개월을 합치면 9개월이라는 긴 시간이 생긴다.

공부 계획을 제대로 세워 공부 습관을 들이면 방학을 진짜 실력을 쌓을 절호의 기회로 만들 수 있다. 방학 기간에 효과적인 공부 습관을 기르려면 적절한 계획과 효율적인 시간 관리가 무엇보다 중요한데, 여기서는 방학에 공부 계획을 세우고 시간을 관리할 때 유의할 점을 살펴보자.

📖 학기 중과 같은 생활 패턴을 유지하라

추운 겨울방학이면 따뜻한 이불 속에서 꼼지락거리다 늦게 일어나기 쉽다. 늦게 자니 늦게 일어나고 이불 속에서 미적거리다가 아침 겸 점심을 먹는다. 이렇듯 학기 중에 비해 방학은 게을러지기 쉽다.

그러나 방학을 학습 능력을 끌어올리는 기회로 만들려면 방학 기간에도 학기 중일 때와 마찬가지로 규칙적인 기상 습관과 식사 습관을 유지해야 한다. 늦은 밤까지 공부하기보다 이른 아침에 일어나 학교에 다닐 때와 동일한 패턴으로 생활할 수 있도록 하자. 늦은 밤까지 공부하면 결국 늦은 아침까지 잘 수밖에 없다. 아침을 일찍 시작하면 하루를 24시간이 아닌 36시간처럼 활용할 수 있다. 또한 하루 학습량과 과제의 70퍼센트 이상을 점심 식사 전에 끝내는 것을 원칙으로 하자.

여름방학도 마찬가지다. 특히 한여름에는 낮부터 밤까지 열대야로 집중력이 떨어지기 때문에 시원한 오전 시간을 최대한 효과적으로 보내야 한다. 맑은 정신으로 집중력을 요구하는 과목들을 오전 중에 우선 배치해야 하는 것은 더 말할 것도 없다.

📖 스스로 공부하는 시간을 늘려라

학생들의 방학 계획표를 보면 온통 학원 다니는 일정으로 꽉

차 있는 경우가 많다. 그러나 학원 수업을 '공부'라고 생각하면 안 된다. 학원에서 수업을 듣는 시간이 많을수록 스스로 익혀 내 것으로 만드는 시간이 줄어들 수밖에 없다. 스스로 하는 공부 시간을 늘리는 것이 성공적인 시간 관리의 1단계다. 서울대 합격생 가운데 54퍼센트가 방학 동안에 5시간 이상 자기 스스로 공부를 했다는 통계도 있다.

📖 학습 계획은 시간이 아니라 과제 중심으로 세워라

'9시부터 11시까지 수학, 11시부터 1시까지 영어, 2시부터 3시까지 국어.' 학습 계획표를 만들 때 대부분 학생들이 이렇게 시간 단위로 계획을 세운다. 그러나 학습 계획은 시간 중심이 아닌 과제 중심으로 짜는 것이 훨씬 효과적이다. '15쪽씩 끝내야지'라고 일정 시간에 일정 분량을 공부하려 하기보다는 '오늘의 학습 목표'를 정하고 공부를 하는 것이 더 효과적이다. 정복할 과제를 학습 목표로 삼으면 각 단원마다 무엇을 공부할 것인지 정확하게 알고 접근할 수 있기 때문이다.

예를 들어 인수분해 중에서 완전제곱식을 이해한 뒤 응용문제까지 완벽하게 소화한다는 목표를 세웠다면 교과서와 문제집에서 유사 문제만 찾아 집중적으로 공부하면 된다. 자주 틀리거나 개념을 불확실하게 이해하고 있을 경우 이 방법으로 학습 계획을 세우면 짧은 시간에 효율적으로 공부할 수 있다. 특히 수학 공부는 '문제집 몇 장을 풀겠다'는 식으로 계획하지 말고 '오늘은 어떤 개념을 확실히 이해하겠다'는 식으로 내용 중심으로 짜야 한다.

📖 과욕은 금물! 좌절감으로 의욕만 떨어진다

대다수 학생들이 방학이 시작되면 야심찬 계획을 세운다. 다소 무리가 되는 줄 알지만 해낼 수 있을 거라는 무한 자신감이 하늘을 찌른다. 하루 이틀이 지나고 오늘 해야 할 일들이 내일로 미뤄지고 점점 해야 할 학습량이 눈덩이처럼 불어난다. 며칠 만에 학습량은 눈 폭탄이 되고 좌절감으로 학습 의욕은 바닥까지 떨어진다.

학습 계획은 자신의 상황과 능력을 고려해서 세워야 한다. 만약 학습량을 다 소화하지 못했다면 밀린 공부는 과감하게 통과하고 건너뛰자. 그러면 밀린 공부는 어떻게 하느냐고? 비밀은 계획표에 있다. 일주일 중 하루는 시간을 비워둔다. 요일은 아무래도 상관없다. 이 시간을 활용해서 지키지 못한 일정이나 밀린 공부를 한다. 계획대로 꼬박꼬박 공부를 다 했다면 '나에게 주는 선물'이라 생각하고 기분 좋게 하고 싶은 일을 하면 된다.

📖 공부 시간 늘리느라 잘 시간을 줄이는 것은 어리석은 짓!

방학 계획표를 짜면서 특히 많이 하는 실수는 잠자는 시간을 줄여 공부하는 시간을 늘리는 것이다. 잠자는 시간을 아까워해서는 안 된다. 잠잘 시간을 줄여 공부 시간을 늘릴 것이 아니라 우선 수면 시간부터 확보하고 공부 계획을 짜야 한다. 잠이 부족하면 전두엽 기능이 저하되어 집중력이 떨어지기 때문이다. 불면증 환자의 기억력이 정상인에 비해 떨어지는 것과 같은 맥락이다.

2010년 가천대 의대와 대한수면의학회에서 '청소년의 수면 시간과 학습 능력의 상관관계'를 연구해 학생들의 수면 빚(sleep debt, 건강을 유지하는 데 필요한 수면 시간과 실제 수면 시간의 차이)과 학교 성적을 확인한 결과, 수면 빚이 적을수록 성적이 높았다고 한다. 건강 유지를 위해 필요한 수면 시간만큼 잠을 잔 학생들의 성적이 높았다. 특히 상위 30퍼센트의 성적을 받은 학생들의 수면 빚은 나머지 학생들에 비해 30분 정도 적었다.

📖 공부는 리듬! 쉬는 시간도 리듬!

공부 시간이 길수록 집중력은 떨어지게 마련이다. 공부 계획을 세울 때 틈틈이 쉬는 시간을 배치하는 것이 좋다. 그러나 쉬는 시간이 너무 길어지면 공부 흐름을 놓칠 수 있으니 공부의 리듬이 깨지지 않도록 5~10분 정도가 적당하다. 쉬는 시간에 간단한 스트레칭으로 몸을 풀거나 기분 좋은 음악으로 몸과 마음의 긴장감을 풀어주는 것이 좋다.

대신 쉬는 시간에 게임을 하거나 휴대폰이나 TV를 보는 것은 자제하는 것이 좋다. 휴대전화, 게임, 텔레비전, 컴퓨터 등 전자 영상들에 과다하게 노출되면 후두엽에 있는 시각 영역이 지나치게 자극된다. 후두엽이 한번 발화되면 시각 자극이 멈추어도 1시간쯤 후 잔영이 사라질 때까지 전두엽이 활성화되지 않는다. 전두엽은 언어, 이성, 사고, 판단, 창조 등의 능력을 관할하기 때문에 전두엽 발달에 방해를 받으면 학습에 필요한 집중력과 기억력, 이해력뿐만 아니라 문제 해결 능력과 과제 수행 능력이 심각하게 저하된다는 점을 기억하자. 최대의 적은 '자신에 대한 관대함'이다. 쉬는 시간일지라도 최소한의 '나와의 약속'을 정하는 자세가 필요하다.

📖 계획을 잘 실행하고 있는지 점검하라

매일 꾸준히 공부해야 하는 과목, 일주일에 한두 번 공부하면 되는 과목, 매일 반복 학습하면서 분량을 늘려가는 공부(영어 단어 암기) 등 특성에 따라 공부 방법이나 학습 시간도 달라진다. 자신이 가장 부족한 과목, 비중이 높은 과목, 시험 출제 빈도가 높은 단원을 우선순위로 정하자. 무엇이 더 중요한지를 생각하면 우선순위를 정하는 것은 어렵지 않다. 예를 들면 교과서와 문제집 중 어떤 것이 더 중요할까? 당연히 교과서다. 교과서 공부로 먼저 개념을 이해하고 문제집을 풀도록 계획을 세워야 한다. 그럼에도 문제집을 더 우선시하는 학생들이 허다하다. 공부를 하고도 효과를 보지 못하는 이유이기도 하다.

　우선순위를 정해 계획표를 세우는 것만큼 중요한 일이 우선순위부터 실천했는지 점검하는 습관이다. 다시 점검해보면 계획을 세울 때 미처 보지 못한 부분이 보일 것이다. 계획이 두루뭉술한 경우도 있고, 공부 목록을 단순히 나열식으로 작성해서 효과적으로 계획을 수립하지 못하는 경우도 있다. 주간 계획에서 이루고자 한 목표를 달성하지 못했다면 그 원인을 파악해서 다시 주간 계획을 현실성 있게 세워야 한다. 하루하루 일일 계획을 점검하면 성취 상황을 눈으로 직접 확인할 수 있으므로 스스로에게 동기부여가 되고 할 수 있다는 자신감도 가질 수 있다. 계획표를 점검하면 이렇듯 자신의 공부법에 어떤 문제가 있는지도 파악할 수 있고 반성하면서 마음을 새롭게 다질 수도 있다.

3

인강 200퍼센트
활용법

　　　　　　　　　혼자 공부하는 습관은 고등학교
에 올라가서 빛을 발한다. 중학교 때는 그나마 학원에 다닐 시간
이 있지만 고등학교에 올라가면 늦게까지 자율학습을 하므로 학
원 갈 시간이 거의 없다. 따라서 자율학습을 얼마나 효율적으로
잘하느냐에 따라 성적이 나뉜다.

　시간을 절약하고 반복적으로 학습할 수 있는 인터넷 강의(인강)
가 성공적인 고등학교 생활을 위한 효과적인 대안이 될 수 있다.
고등학교 때는 자신을 스스로 제어할 수 있는 자기관리 능력이 필
수적이다. 이 시기부터는 하기 싫은 공부를 부모가 시키면 억지로
마지못해 하기보다 거칠게 반항을 할 확률이 높다. 그래서 중학교
때 자기주도학습 습관을 몸에 익혀야만 고등학교에 올라가서 이
루어지는 자율학습 위주의 공부에 적응할 수 있다.

자녀가 고등학생이 되면 부모가 자녀의 의사와 상관없이 이전처럼 마음대로 학습에 관련된 결정을 하기 힘들다. 공부를 제대로 하고 있는지 감시하는 역할조차도 자녀가 완강하게 거부하면 포기해야 한다. 그러나 중학교 때 효과적으로 인강을 활용하는 법을 익히게 하면 자기관리 능력과 자기주도학습 능력이라는 두 마리 토끼를 잡을 수 있다. 여기서는 인강을 완벽하게 내 것으로 만드는 200퍼센트 활용법을 살펴보자.

📖 학원 가듯 온라인 인강 시간 꼭 지키기

인강의 가장 큰 장점은 수강료가 저렴하고, 강사진이 훌륭하며, 시간과 공간의 제약을 받지 않는다는 데 있다. 그렇지만 이 크나큰 장점이 자칫 느슨해질 수 있게 하는 단점이 되기도 한다. 불타는 의지로 시작했다 하더라도 어쩔 수 없이 강의를 빼먹는 상황이 가끔 생기고, 한두 번 빼먹다 보면 꼭 들어야 한다는 의지가 약해지고 다른 공부에 우선순위가 밀린다. 급기야 수강 기간조차 가물가물해지고 밀린 강의는 몰아쳐서 듣거나 포기할 수밖에 없다. 학원 가듯 정해진 수강 시간을 반드시 지키자. 그래야 제대로 효과를 볼 수 있다.

그러려면 수강 계획표를 꼼꼼히 짜는 것이 중요하다. 의욕만 앞서 이것저것 잔뜩 신청했다가는 중도 포기하기 쉽다. 인터넷 강의를 빼먹지 않고 끝까지 듣는 '완강'이라는 목표를 달성하기 위해서는 자신의 학습 수준이나 학습 상황을 면밀히 고려해야 한다. 특히 심리적으로 느슨해지기 쉬운 방학 기간에는 평소보다 더 꼼꼼하게 인터넷 강의 시간표를 짜야 한다.

📖 유해 정보 차단 프로그램 활용하기

인강의 장점을 잘 알면서도 부모들이 주저하는 것은 자녀가 인강 수업을 듣는 동안 딴짓을 하게 만드는 인터넷상의 각종 유혹 때문이다. 컴퓨터를 거실로 옮기는 것도 방법이다. 또 메신저, 스팸성 팝업뿐만 아니라 유해 사이트를 제어하는 온라인 교육 사이트 서비스를 이용하자. 이를 활용하면 부모가 부재중이라도 자녀의 컴퓨터 이용 상황을 모니터할 수 있다. 주의할 점은 유해 차단 프로그램을 활용하기 전에 반드시 자녀와 상의해야 한다는 것이다. 아무런 설명 없이 강압적으로 밀어붙이면 자칫 사춘기 자녀와 충돌이 생길 수도 있자.

📖 나만의 맞춤 인강 찾아 학습 효과 극대화하기

온라인 교육 사이트에는 난이도가 다른 다양한 강좌가 있다. 뿐만 아니라 강사의 강의 스타일도 각양각색이다. 남들이 강력 추천한다고 해서, 혹은 순진하게 조작이 의심되는 수강후기만을 보고 선택하지 마라. 자신에게 맞는 맞춤형 강사를 찾아야 한다. 일단 무료 샘플 강의를 들어보고 자녀가 스스로 선택할 수 있게 하자. 나만의 스타 강사를 찾아 1:1 과외 수업을 듣는다는 진지한 마음가짐이 중요하다.

인강의 강좌를 선택할 때도 전략이 필요하다. 특히 방학 기간에는 방학 특강을 활용하자. 다음 학기에 배울 내용을 전체적으로 가볍게 훑어보는 기초적인 예습이 효과적이다. 개념 정리가 잘되어 있는 교육기관의 무료 교육 사이트도 훌륭하다. 학기 중에는 진도 강좌로 꼼꼼하게 전체 내용을 수강하되, 시험을 1~2주 앞두고는 강의 수가 많고 시간이 긴 진도 강좌보다 핵심 정리와 문제풀이를 짧게 진행하는 시험 특강을 선택하는 것이 좋다. 무리하게 진도 강좌를 하루에 몇 개씩 들으면 시험공부에 필요한 시간을 분배하는 데 어려움을 겪을 수도 있다. 인강 역시 학습 패턴과 목적을 고려해 선택하는 현명함이 필요하다.

마지막으로 시험문제 출제자는 다름 아닌 학교 선생님임을 명심하자. 어떤 사교육도 공교육을 뛰어넘을 수 없다. 명강사의 명강의를 듣는다고 학교 수업을 등한시하면 곤란하다. 어떤 것이든 사교육은 학교 수업의 보조 수단임을 잊지 말자.

📖 예습과 복습은 인강 효과의 보증수표

아무런 준비 없이 강의를 들을 때는 중요한 것과 그렇지 않은 것을 파악하기 쉽지 않을 뿐만 아니라 이해도도 떨어진다. 그래서 인강 수강 전 미리 교재를 읽거나 훑어보아야 한다. 특히 수학은 사전에 문제를 풀어본 뒤 강의를 듣는 것이 훨씬 효과적이다.

인강의 최고 장점 중 하나는 무한 반복이 가능하다는 점이다. 학원 수업을 들을 때는 깜박 졸기라도 하면 그 부분은 이해하기 힘들다. 하지만 인강을 들을 때는 졸거나 딴생각을 했을지라도 다시 정신을 가다듬고 그 부분만 반복해서 볼 수 있으므로 금방 이해할 수 있다. 모르는 부분이 나오면 그 부분을 여러 번 반복해서 이해한 뒤 넘어가면 된다. 반복해서 들었는데도 이해가 안 되는 부분이 있으면 게시판을 통해 질문으로 해결하자.

복습을 할 때 강의 평가 문제는 반드시 풀어야 한다. 강의만 달랑 듣고 말아서는 안 된다. 잘 만들어진 온라인 교육 사이트들은 대체로 강의를 제대로 이해했는지 확인하기 위한 평가 문제들을 제공한다. 개념을 이해했다고 생각했는데 문제를 풀면 틀리는 경우가 생긴다. 이런 평가 문제들을 풀어보면 강의를 얼마나 이해했는지, 또 부족한 부분이 무엇인지 파악할 수 있다. 탄탄한 기초는 곧 실력으로 전환된다. 선행 학습 진도만을 좇아 허겁지겁 나가기보다 현재의 학습을 제대로 이해하는 것이 훨씬 중요하며 학년이 올라갈수록, 내용이 심화될수록 그 진리는 더 빛나게 될 것이다.

온라인 교육 사이트에서 1년치 장기 수강을 신청했다면 담당 교사 시스템을 잘 활용하자. 다양한 강좌와 난이도별로 개설되어 있어 자신에게 맞게 학습 일정을 계획할 수 있다. 하지만 효과적으로 학습 일정을 짜는 것은 쉬운 일이 아니다. 특히 욕심과 의욕이 앞설 경우에는 더 그렇다. 이때도 담당 교사의 학습 플랜이 도움이 될 것이다. 문자나 메일로 중간 확인을 해주는 경우도 있는데, 느슨해지기 쉬운 학습 태도에 긴장감을 불어넣는 시스템이므로 잘 활용하도록 하자. 효과적인 학습 방법과 동기부여, 학습 습관, 성취 욕구를 자극해주는 점을 활용하면 같은 비용으로 두 배의 효과를 거둘 수 있다.

4

선행 학습, 자칫하면
죽어라 공부하고 망한다

중학교 2학년 정훈이는 선행 학습으로 물리2, 화학2를 배웠고 《정석》으로 공통수학까지 얼마 전 마무리했다. 그런데 수학 중간고사 등수가 형편없었다. 아이를 과학고에 보내려고 선행 학습을 시킨 정훈이 엄마는 깜짝 놀라 아이가 다니는 학원에 전화를 걸어 항의했다.

중2~3 과정을 제대로 소화시키지도 못한 채 무작정 고등학교 과정을 선행 학습하면 이런 부작용이 생긴다. 어설픈 선행 학습 전략은 아이에게 독이 된다. 3개월이면 한 학기 과정을 끝내는 식의 지나친 선행 학습의 위험성을 깨달아야 한다.

📖 선행 학습은 독배?

대부분 학생들은 수학 시간에 선생님께서 개념을 설명하면 다 안다고 생각하고 고개를 끄덕인다. 특히 선행 학습을 많이 한 아이들이 더 심각하다. '저건 알아', '저 정도는 할 수 있어'라고 생각하기에 들으려고조차 하지 않는다. 관련 문제를 많이 풀어봐서 잘 아는 내용이라 생각해 귀 기울여 듣지 않는 것이다. 그러나 수학에서 정말 중요한 것은 문제를 풀 수 있느냐 없느냐가 아니다. 또 얼마나 빨리 문제를 푸느냐도 아니다. 왜 이렇게 되는지 과정을 이해하는 것이 가장 중요하다.

선행 학습을 주도하는 학원들은 수학올림피아드 준비를 통해 실력을 키워 과학고나 영재고에 진학한 뒤 카이스트나 의대에 진학하는 로드맵을 제시한다. 이 로드맵에 따라 과도한 선행 학습을 한 학생이 정작 중학교 수준의 문제를 몇 개씩 틀린다면 지금의 학업 일정과 난이도를 조절해야만 한다. 특히 과학은 일부 올림피아드, 경시대회 입상자를 제외하고는 선행 학습이 의미가 없다. 극소수 아이들만의 잔치이며 대다수는 들러리나 마찬가지다.

실력이 부족한데도 억지로 학원 특목고반에 넣으려고 애쓰는 부모들이 있다. 어차피 나중에 배울 내용이니 미리 공부해서 나쁠 것이 없다고 생각한다. 또 부수적으로 학습 분위기도 좋고, 특목고반 학생들의 실력도 좋으니 친구 따라 강남 가듯 자극도 되고 동기부여도 될 것이라 여긴다. 더 나아가 학창 시절의 친구는 평생 친구가 될 수도 있으니 그 친구들이 성공하면 더없이 좋은 인맥을 쌓을 수 있으리라 미리 김칫국도 마신다. 하지만 현실은 냉혹하다. 학원들의 먹잇감이 되고 들러리만 될 뿐이다.

과학올림피아드와 마찬가지로 사설 수학경시대회도 목적도 없이 여기저기 많이 나갈 필요가 없다. 이 또한 부모들만의 만족일 뿐이다. 어이없게도 그렇게 어려운 수학 문제를 술술 풀던 아이가 정작 수학 내신에서는 90점대가 안 나오는 경우가 많다. 수학 학원비가 한 달 13~20만 원 정도니 3년이면 비용이 무려 500만 원 이상이다. 선행학원에서 가르치는 고비용 저효율의 학습 방법을 따르는 것보다 일반 교과과정을 이수한 뒤 수능에서 높은 점수를 받아 일반전형에 입학하는 것이 더 선택지도 넓고 쉽게 가는 길일 수 있다. 부디 선행 학습만이 답이라는 생각은 이제 그만 버리자.

수학 못지않게 시행착오를 많이 겪는 과목이 영어다. 수학은 지나친 선행이 문제라면 영어는 불확실한 목표 선정이 문제다. '원어민 수준만큼'이라는 로망 때문인지 무조건 많이 배우면 배울수록 좋은 줄 안다. 문제는 한정된 시간이다. 영어에 많은 시간을 투자하면 다른 과목을 공부할 시간이 줄어들 수밖에 없다.

아마도 영어에 올인하는 경우에는 대학입학 영어 특기자 수시 모집을 염두에 두겠지만 현실은 생각보다 훨씬 험난하다. 영어권 국가에서 5년 넘게 살다 온 해외파 특례 학생들보다 잘하기 어렵다. 그런 해외파 특례 학생들이 한가득 넘친다. 어떤 경쟁자와 싸워야 하는지 알면 승산이 있는 게임인지 아닌지 답이 나온다.

📖 자사고 선택은 신중하게

선행 학습을 주도하는 학원들은 특목고나 자사고 진학을 목표로 내세운다. 진학을 위해서 선행 학습이 필수이기 때문이다. 하지만 자사고 진학은 좀 더 신중할 필요가 있다. 유명 사설 교육업체에서도 "자사고는 선발권도 없고 등록금만 3배 비싸 학부모들이 기피하는 학교로 전락할 가능성이 높다"고 언급한 바 있다. 이미 일반고로 전환을 할 가능성이 높아지고 있기 때문이다.

자사고의 교육비도 따져보자. 국감에서도 언급된 바와 같이 '각급 고등학교별 교육비 산정액' 자료를 분석한 결과를 살펴보면 자율형 사립고의 학생 1인당 연간 수익자 부담 경비는 일반고의 7배에 이르는 것으로 나타났다. 2013년 기준 서울 시내 일반 공립고의 1인당 교육비 평균치는 130만 9,436원이었으나 서울지역 자사고의 1인당 교육비 평균치는 854만 4,279원으로 자사고가 일반고에 비해 7배(723만 4,843원) 더 많은 것으로 조사됐다. 자율형 사립고의 수업료는 대학 등록금과 맞먹는다.

또 2011년부터 2014년까지 4년간 감사원과 교육청의 감사 결과에 따르면 2015년에 재지정 평가를 받는 전국의 자율형 사립고 22곳 가운데 최대 15곳이 교육감 판단으로 즉시 지정 취소될 수 있는 문제점이 적발되었다(입시 부정 5곳, 회계 부정 14곳). 초중등교육법 시행령을 보면 회계 부정이나 입시 부정, 교육과정 부당 운영 등 자사고의 지정 목적을 위반하면 교육감이 자사고 지정을 취소할 수 있다.

📖 운전기사의 지식

독일의 물리학자 막스 플랑크(1858~1947) 교수는 1918년 노벨 물리학상을 받았다. 수상 이후 강연 요청이 쇄도했다. 가는 곳마다 똑같은 강연을 수십 번 반복하자 그의 운전기사도 강의 내용을 다 외울 정도였다. 어느 날 교수가 몹시 피곤해하자 운전기사가 "교수님, 제가 대신 강연을 하면 어떨까요? 강연 내용도 전부 외웠고, 질문도 대부분 똑같으니 들킬 염려가 없을 겁니다"라고 했다. 교수는 이 흥미로운 제안을 승낙했다. 운전기사는 대부분이 박사급인 청중 앞에서 양자물리학 강연을 성공적으로 마쳤다. 그런데 한 물리학 교수가 예상 밖의 질문을 던졌다. 그러자 운전기사는 "그 정도의 단순한 질문에는 내 운전기사도 대답할 수 있다"며 플랑크 교수에게 답변을 부탁해 겨우 위기를 모면했다.

위 이야기는 세계적인 투자가 찰리 멍거(Charlie Munger)가 자주 인용하는 말이다. 그는 지식을 두 종류로 나누었다. 하나는 '참된 지식'이고 다른 하나는 그가 명명한 '운전기사의 지식'이다. 여기서 '운전기사'란 모르는 것을 아는 것처럼 말하고 행동하는 사람을 말한다. 이들은 능숙한 말솜씨로 수준 높은 청중을 감쪽같이 속인 프랑크 교수의 운전기사처럼 자신을 과시하며 대단한 사람인 양 행세한다.

교육계에도 '운전기사의 지식'만으로 사람들을 홀리는 이들이 많다. 입시철만 되면 고액 대입 컨설팅이 기승을 부린다. 명문 대학별 족집게 논술강사는 일주일에 학생 1인당 200만 원씩 챙기기도 한다. 최근에는 입학사정관 전형 상담으로 한몫을 챙기는 또 다른 운전기사들이 등장했다. 학부모들은 '운전기사의 지식'인 줄도 모른 채 현란한 말솜씨로 '나만 믿으면 구원을 얻으리라'는 식의 짝퉁 메시아에 혹한다.

지나친 선행 학습은 독이 된다는 점을 잊지 말아야 한다. 기본기를 충실히 익히지 않고 너무 앞서 나가면 오히려 독이 된다는 사실을 극명히 보여주는 일례가 있다.

12세 때 아사다 마오는 트리플 액셀 점프를 했고, 14세에 국제 대회에서 주니어 여자 선수로서는 최초로 이 고난도 점프를 성공했다. 일본 열도는 극찬을 아끼지 않았다. 그런데 2007년~2008년 시즌부터 점프 도약과 착지 기술에 적용되는 기준이 엄격해졌다. 아사다는 러츠 점프에서 '롱 에지(날의 방향이 잘못됨)' 판정을 받기 시작했다. 2008년~2009년 시즌 두 대회에서도 에지 주의 판정을 받았다. 2010올림픽 여자 피겨스케이팅 대회에서는 트리플 액셀의 회전수 부족에 대한 논란이 제기되었다. 2010년~2011년 시즌에도 여전히 잘못된 도약으로 인해 감점을 받았다. 주니어 시절 아사다는 화려한 조명을 받으며 천재 선수로 각인되었다. 고난도 기술에만 연연하지 않았다면 지금보다 더 큰 성장을 했으리라. 적어도 지금처럼 기본기가 부족하다는 평가를 듣는 굴욕은 당하지 않았을 것이다. 그에 비해 김연아는 정확한 정석 점프로 유명하다. 기본기를 탄탄하게 다진 덕분이다. 결국 승리는 김연아에게 돌아갔다.

특목고를 목표로 하는 초등 고학년들 중에는 고등학교 과정까지 미리 공부하는 학생들이 있다. 선행학원들은 3개월이면 한 학기 과정을 끝낼 수 있다고 광고한다. 옆집 아이가 물리2를 공부한다면 주변 엄마들은 엄청 부러워 조급증이 생긴다. 문제는 지나친 선행 학습에 매달리다 보면 정작 현재 배워야 할 공부를 등한시하게 된다는 점이다. 운전기사의 지식처럼 잘 모르면서도 아는 것으로 착각하고, 문제를 틀려도 단순 실수로 치부한다. 시간이 지나면 어느 부분에 문제가 생겼는지도 모르는 상황이 벌어진다. 결국 기본기가 부족해 발목이 잡힌 아사다처럼 되기 십상이다.

탄탄한 기본기는 탄탄한 실력으로 이어진다. 학기 중에는 학교 교육과정을 탄탄하게 다지고, 굳이 선행을 한다면 한 학기 정도면 충분하다. 기본을 무시한 채 응용에만 매달린다면 쉽게 무너지는 모래성이 될 뿐이다.

중학생 시절은 직업에 대한 사회적 안목이 생기기 시작하며,
자신의 진로에 대한 설계를 준비하는 소중한 시기다. 부모는
변화하는 아이의 꿈에 대해 귀 기울여주고 그 이유를 공감하
고 지지해주며 함께 진로를 탐색하는 자세가 필요하다.

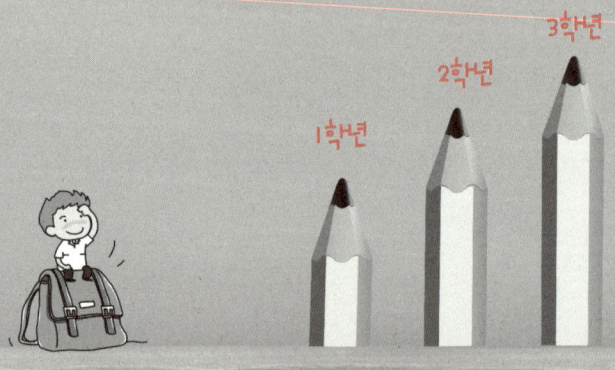

8장

진로 지도의
정답

1 꿈꿀 시간, 꿈꿀 권리

꿈꾸는 직업, 그 겉과 속

"휴가(vacation) 기간 동안 당신이 평생 꿈꿔온 천직(vocation)을 체험해보세요!" 이는 천직을 위한 휴가(vocation vacation)라는 한 미국 사이트의 홍보 문구다. 이직을 생각하는 직장인들이 휴가를 활용해 평생 꿈꿔온 직업을 멘토와 함께 체험해보는 이색적인 직업 체험상품이다. 예를 들면 호텔리어를 꿈꾼 사람에게 휴가 기간 동안 직접 호텔에서 일할 수 있게 해주는 식이다. 이 상품은 직업 만족도가 32퍼센트에 불과한 미국 사회에서 큰 인기를 끌었다. 그러나 실제로 자신의 꿈을 경험한 이후 직업을 옮긴 사람들의 비율은 매우 낮았다.

왜 그랬을까? 실제 체험 후 대부분 사람들이 '내가 꿈꾸던 일은 '이런 게 아니야'라고 말했다. 멋진 패션 잡지 편집장을 꿈꾸었는데 막상 현실에서는 옷과 신발을 가득 나르고, 촬영장을 청소하고, 선배들 잔심부름을 하고, 인터뷰하기 싫은 사람을 수십 번씩 찾아가 설득해야 한다는 것을 그제야 알았다. 환상이 깨지자 꿈도 사라졌다. 원하는 일을 하면 마냥 신나고 재미있을 줄 알았는데 현실은 녹록하지 않았다.

왜 이런 일이 생겼을까? 말 그대로 겉모습에 매료되어 꿈을 꾸었기 때문이다. 그리고 그 꿈을 현실에서 벗어날 수 있는 도피처로 생각했기 때문이다. 그러나 꿈은 현실의 도피처가 아니라 현실을 뛰어넘을 수 있는 '돌파구'가 되어야 한다. 도피처는 단지 웅크리고 피하는 곳일 뿐이다.

📖 막연한 꿈을 진짜 꿈으로 만드는 법

현실을 뛰어넘을 수 있는 꿈을 만들기 위해서는 다음 세 가지가 필요하다. 뜨거운 열정, 최고를 지향하는 노력, 경제적 인센티브(유인)가 바로 그것이다. 즉 뜨거운 열정을 가지고, 자신이 잘할 수 있으며, 그 일로 돈을 벌 수 있어야 한다. 좋아하는 일을 할지라도 돈이 되지 않으면 살아나가기가 힘들 것이고, 돈이 된다 할지라도 좋아하지 않는다면 결국 지치게 될 것이다.

이를 위해서는 꿈을 구체적으로 꾸어야 한다. 우리나라 청소년들의 꿈은 대부분 단순하고 막연하다. 청소년들은 교사, 공무원,

연예인 등 그때그때 생각나는 대로 대답한다. 케이블채널 〈투니버스〉에서 12세 이하 어린이 4,700명을 대상으로 조사한 결과, "연예인이 되고 싶다"는 어린이가 67퍼센트나 됐다.

반면에 미국 청소년들의 꿈은 매우 구체적이다. 이를테면 막연히 의사라는 직업을 꿈꾸기보다 해당 분야의 특정 전문가가 되겠다는 목표를 가지고 있다. 예를 들면 '환경을 고려하는 건축가', '이민 전문 변호사' 등과 같이 구체적으로 미래를 꿈꾼다.

한국 교육은 언제나 열심히 공부만 하라고 채찍질한다. 옆을 돌아볼 틈도, 꿈에 대해 생각해볼 기회도 주지 않는다. 그러다 진로를 결정하는 시기가 닥치면 그제야 "왜 꿈이 없느냐?"며 다그친다. 우리 아이들이 꿈이 없는 게 어쩌면 당연할지 모른다. 꿈꿀 시간조차 주지 않았기 때문이다. 자신의 내면의 목소리에 귀를 기울여야 꿈을 찾을 수 있다. 꿈을 찾을 기회를 충분히 주어야 시행착오도 줄일 수 있다. 성적에 맞춰 꿈을 정하는 어리석은 짓은 하지말자.

아이들이 자신의 꿈을 말하면 "그게 돈이 되느냐?"며 기죽이는 부모들이 많다. 제발 그렇게 아이들의 꿈을 짓밟지 말자. 행복을 돈으로 계산하면 곤란하다. "돈 안 되는 일은 다 쓸모없다"라고 말한 천박한 부자를 보았다. 그는 돈이면 무엇이든 다 되는 줄 알지만 가진 것이라고는 돈밖에 없는 불행한 노인일 뿐이다. 이윤이 모든 가치의 척도가 되면 영혼은 빈곤해진다. 한 개인이 인생에서 추구하는 가치를 돈만으로 환산할 수는 없다. 가치와 돈은 별개다. 돈을 많이 벌지 못한다고 가치 없는 것은 결코 아니다. 아이 스스로 꿈을 찾을 기회를 충분히 줘야 한다.

대부분 부모는 자녀가 안정적인 직업을 갖길 원한다. 자녀가 기성세대의 관점에서 봤을 때 안정적이지 않은 직업(이를테면 연예인)을 갖길 원한다면 부모부터 그 실상을 제대로 이해하자. 그리고 자녀가 왜곡된 이미지를 갖지 않도록 많은 대화를 나누자. 아이돌 가수를 꿈꾼다면 허황된 꿈이라 무시하지 말자. 막연한 동경이라면 현실을 직시하게 하고, 자질이 있다면 어떤 어려운 과정을 거쳐야 하는지를 아이와 이야기하자. 그래도 자녀가 원한다면 아이의 꿈을 존중하고 지지해주자.

부모는 아직도 '사' 자 직업,
아이는 미래의 뜨는 식업

한국직업능력개발원이 전국 초
중고 학부모 1,000명을 대상으로 설문조사한 결과를 보면 학부모
가 선호하는 자녀의 희망 직업은 수입이 많고 사회적으로 인정받
는 직종에 집중됐다. 응답자의 70.7퍼센트가 교사, 공무원, 의사,
법조인, 전문직 등을 꼽았다.

'사' 자 직업의 현실

그러나 의사가 무조건 최고의 배우자감이던 시대는 이미 지났
다. 의사만 되면 고소득이 보장된다고 믿고 자녀에게 의대 진학을
권했다면 이제 생각을 바꿔야 한다.

약사는 2000년 의약 분업이 시작된 후 부익부 빈익빈 현상이

두드러졌다. 이른바 대형 병원 앞 '문전 약국'은 대박인 반면 동네 약국은 적자에 허덕인다. 인근에 병·의원이 없는 동네 약국에서는 폐업이 속출하고 대학병원이나 제약업체 연구직 약사도 대기업 직원의 연봉을 넘지 못한다.

한 집 건너 있던 한의원들도 건강원에게 그 자리를 빼앗겼다. 심지어 한의사 면허증을 가지고 건강원을 차린 사람도 적지 않다. 모 신문 보도에 따르면 적자로 신용불량자가 된 후 약재상 직원으로 일하는 한의사도 있다고 한다.

의사도 국민 500명당 1명꼴로 이미 포화 상태다. 환자들의 대형 병원 쏠림 현상이 심화되면서 동네 병원은 고사 직전이다. 2008년 중소 병원의 폐업률은 17.1퍼센트에 달했다. 의사협회 자료에 따르면 의사 절반이 빚이 있고 평균 부채액은 4억 원가량이라 한다. 요즘 동네 의원을 가면 감기는 물론 간단한 피부질환, 피부 레이저 시술, 물리치료 등 다양한 치료를 하는 곳이 많다. 특정 전문의로서 살아가기 힘들다는 뜻이다.

많은 부모들이 자녀의 진로를 고민할 때 오로지 공부를 잘해야만 되는 직업으로 한정하는 경향이 있다. 의사나 판검사 등 과거에 유망했던 직업이 대부분이다. 학교에서조차 공부를 못하는 학생에게는 그다지 관심을 기울이지 않는다. 그저 아무 대학이나 가라는 식이다. 그래서 아이들의 적성보다는 성적에 맞춰 대학과 학과를 정하기 일쑤다. 이제부터라도 성적이 아니라 학생의 개성과 능력, 다양성을 존중해 하늘의 별만큼 다양한 꿈들을 활짝 펼칠 수 있도록 도와줘야 한다. 아이들에게 이렇게 조언해주자. "너 자신을 믿어라. 자신의 마음에서 우러나오는 소리에 귀를 기울여라. 정말 가슴 두근거리는 일을 해야 한다. 한 번뿐인 인생 아니냐"라고 말이다.

📖 아이들의 개성만큼 다양한 미래 직업

미래의 유망 직업들을 보면 다양하다. 성적만으로 아이의 미래를 재단하지 않는다면 길은 얼마든지 있다. 노트에 여기저기 다양한 예쁜 글씨를 즐겨 쓴다면 '글자꼴 디자이너', 휴대폰을 분신처럼 여기고 그림 그리기도 좋아한다면 '휴대폰 아바타 디자이너', 분위기에 따라 흥얼흥얼 즉석으로 멜로디를 만들 줄 안다면 '벨소리 컬러링 작곡가', 어항 속 물고기에 관심이 많으면 '물고기 전문가', 건강과 외모를 중시하면 '다이어트 프로그래머', 사물을 날카롭게 파악하는 능력이 있다면 손님을 가장하고 대리점을 방문해 서비스 업무를 평가하는 '미스터리 쇼퍼(Shopper)', 복잡한 것을 시각 언어로 쉽게 설명할 수 있다면 '설명 그래픽디자이너', 음식을 맛깔나게 내놓을 줄 안다면 '푸드코디네이터'가 되어도 좋다. 이제 아이들을 바라볼 때 쓸데없는 짓이라 야단치기 이전에 무엇에 관심이 있고, 즐겨하는지 따뜻한 시선으로 바라보자.

아이들은 상급 학교로 올라갈수록 다양하고 개성 있는 직업을 원하지만 부모의 희망은 완고하다. 전통적인 직업 서열에 사로잡혀 학부모들은 공부를 잘해야 하는 '사' 자 직업만을 고집한다. 사회의 변화 속도는 매우 빠르다. 10년 후엔 지금과 완전히 다른 사회가 펼쳐질 것이다. 이에 대비하지 않으면 많은 시간과 비용을 투자하고도 원하는 결과를 얻을 수 없다. 부모들은 세상이 변한 만큼 직업 세계도 변화하고 있음을 인식하고 자녀의 꿈과 적성에 맞는 직업을 찾도록 도와줘야 한다.

📖 하고 싶은 일을 해도 굶지 않아

이번 명절에 비보이 동현이는 속이 부글부글 끓었다. 바로 친인척들의 잔소리 때문이다. 교육자 집안인지라 개성 넘치는 동현이의 모습과 행동을 어른들은 못마땅하게 생각했다. 공부는 뒷전이고 '춤에 빠진 정신없는 놈'이라며 제발 정신 차리라는 말뿐이었다. 비보이는 돈이 안 되는 배고픈 직업이라며 결코 해서는 안 된다고 친인척들은 말했다.

하지만 동현이의 생각은 다르다. 비보잉을 통해 자신의 개성과 스타일을 마음껏 뽐낼 수 있어 즐거웠다. 그 순간만은 정말 살아 있음을 온몸으로 느낀다. 남들과 똑같이 배우지만 그 속에서 내 것으로 만들어가는 성취감도 맛보았다. 또 관객들의 환호를 받으면 짜릿한 희열감을 느낀다. 동현이는 춤이 없는 인생은 상상할 수 없다.

물론 동현이도 비보이의 생명력이 짧다는 것을 안다. 그러나 춤을 출 수 있는 마지막 순간까지 혼신을 다해 추고 싶다. 그 이후에는 비보이를 접목한 공연예술 기획연출가로 일할 계획이다. 또 학교에서 체계적인 비보이 양성 교육도 하고 싶다. 뿐만 아니라 방황하는 청소년들을 위한 문화 콘텐츠 아이콘으로 비보이를 자리 잡게 하고 싶다. 비보잉을 통해 하고 싶은 것도, 배워야 할 것도 많다고 생각한다. 비보이를 하더라도 동현이는 결코 배고프게 살지 않을 자신이 있다.

부모는 자녀가 정말 하고 싶은 일을 할 수 있도록 든든한 지지자가 되어야 한다. 과거에 촉망받던 직업군에 우리 아이가 합류하더라도 반드시 성공한다고 볼 수 없고, 배고픈 직업일지라도 얼마든지 기회를 찾아 멋지게 살 수도 있다.

3 진로 탐색, 도울 수는 있어도 찾아줄 수는 없다

직업 선호도 연구의 권위자인 존 홀랜드(John L. Holland)에 따르면 직업마다 일정한 일처리 방식이 있으나 사람들은 자기 식대로 하는 경향이 있다고 지적한다. 물론 개인의 방식과 직업에서 요구하는 방식이 일치할수록 직업 만족도는 높아진다. 또한 홀랜드는 자신의 분야에서 성공한 사람들은 자기가 좋아하는 일을 일찍 찾아내 끊임없이 노력해왔다는 공통점이 있다고 지적한다.

이와 같은 홀랜드의 지적은 진로 탐색의 중요성을 다시금 일깨워준다. 진로 탐색에는 자기 탐색과 직업 탐색이 모두 포함된다. 즉 자신이 무엇에 관심이 있고, 어떤 유형의 활동을 즐겨하는지 등의 특성을 살펴보고, 이러한 특성과 잘 부합하는 직업이 어떤 것인지 알아보는 것을 말한다.

📖 천차만별 관심 분야와 능력에 따른 진로 지도

교육 강연에서 학부모들의 질문을 받다 보면 아이들의 관심 분야가 정말 천차만별임을 느낀다. 관심 분야만 다를 뿐 아니라 아이마다 관심을 기울이는 정도도 다르고 능력도 다 다르므로 아이의 특성에 따라 그에 맞는 진로 지도가 필요하다.

● **관심 분야가 폭넓은 아이**

다양한 분야에 관심이 있고 다재다능한 아이들이 있다. 다른 학부모들의 따가운 질투를 한 몸에 받지만 정작 당사자인 부모는 어떻게 해줘야 할지 모르겠다고 난감해한다. 이런 아이는 모든 분야에 호기심이 많고 의욕적이지만 즉흥적이어서 외부 환경의 영향을 받기 쉽다. 또 관심 분야가 넓어 기웃거리는 곳이 많다 보니 정작 자신만의 분야를 찾지 못하는 아이러니가 생긴다.

아이의 능력과 성향 등을 고려해 관심 영역을 조금씩 좁혀가도록 지도할 필요가 있다. 또 재능이 많다 보니 시작은 요란하지만 끝마무리가 시원치 않은 경향이 있으므로 될 수 있으면 끝까지 잘 마무리하도록 지도하자. 그 과정에서 어떤 것이 자신에게 더 큰 즐거움을 주는지 깨닫게 하는 것도 큰 교육이다.

● **뚜렷한 관심 분야도 특별히 잘하는 것도 없는 아이**

요즘 부모들은 '내 아이의 적성이나 특기를 안다면 전폭적인 지원을 해주겠다'는 생각을 갖고 있다. 그런데 아무리 관심을 기울여 들여다봐도 아이가 어디에 흥미를 느끼는지 어떤 재능이 있는지 몰라서 난감해하는 부모들도 있다. 정말 그 아이는 재능도, 흥미도, 꿈도, 없는 것일까? 아니다. 단지 아이에 대한 부모의 이해가 부족할 뿐이다. 작고 사소한 경험일지라도 아이가 즐거웠거나 칭찬받았던 기억들을 떠올리도록 도와주자. 작은 실마리에서 의외의 답을 찾을 수 있다.

● **관심 분야가 좁고 특정 분야에 관심은 있지만 그 강도가 미약한 아이**

어찌 보면 관심도와 재능이 평범하기 그지없는 경우다. 이런 아이에게는 부모의 역할이 특히 중요하다. 아이가 조금이라도 관심을 기울이는 분야가 있다면 부모는 귀 기울여 지지하고 응원해줘야 한다. 용기 없어 주저할 때도 "괜찮아, 내 곁에 엄마가 있어"라고 응원하며 든든한 버팀목이 되어주자. 비록 처음에는 보폭도 작고 느릴지라도 차차 자신감이 생기고 자존감이 커지면서 자신의 페이스를 찾아 힘차게 달릴 것이다.

📖 꿈 쉽게 찾는 법

전문적인 심리검사 없이도 간단하게 진로를 찾는 방법이 있다. 관심 분야를 4가지 항목으로 나누어 각 항목마다 5개씩 총 20가지를 써보자. 4가지 항목은 '가장 갖고 싶은 것', '가장 가보고 싶은 곳', '가장 하고 싶은 것', '가장 닮고 싶은 사람'이다. 단 구체적으로 써야 한다. 가령 가지고 싶은 것이 '멋진 자동차'라면 차종, 모델명 연식, 색깔 등을 자세하게 적는다.

내용을 다 채웠다면 그중 특히 마음에 드는 8가지를 골라 작은 메모지에 쓴다. 그리고 하나만 남을 때까지 하나씩 지워간다. 마지막에 남은 것이 마음속 깊이 '하고 싶은 것'일 가능성이 높다. 메모지 뒷면에 이 꿈을 이루기 위해 반드시 해야 할 3가지를 쓴다. 이것이 바로 꿈을 위해 가져야 할 목표다.

자신의 흥미와 관심은 스스로 찾아야 한다. 지금까지 나는 자녀의 꿈을 찾아달라는 많은 사람들을 만났다. 하지만 꿈을 찾는 방법을 알려주고 꿈을 찾도록 도와줄 수는 있으나 대신 찾아줄 수는 없다.

📖 위험한 가치관, 돈이 최고?

'돈이 최고다!' 이는 요즘 청소년들의 가치관을 한마디로 요약한 것이다. 이와 같은 사실은 교육과학기술부가 전국 초중고 학생 2만 4,126명과 학부모 1,432명을 대상으로 실시한 '2012 학교진로교육 지표조사' 결과에서 밝혀진 내용이다. 이 조사는 진로 교육의 일환으로 전국 규모로 실시한 최초의 조사다.

조사 결과 학생들의 52.5퍼센트가 '인생에서 가장 추구하고 싶은 것'이 돈이라고 답했다. 이어 명예(19.6%), 권력(7.2%), 인기

(6.5%)의 순이었다. 그리고 봉사(5.7%)는 최하위였다. 학년이 올라 갈수록 돈을 선택한 비율은 점점 높아져 초등학교 6학년은 38.3퍼센트, 중학교 2학년은 53.4퍼센트, 고등학교 1학년은 56.3퍼센트였다. 이 같은 선호도는 학생들의 직업 선택 기준에도 반영되었다. 자료에 따르면 높은 수입(12.6%)은 흥미와 적성(53.5%), 직업의 안정성(16.3%)에 이어 뒤를 이었다. 한편 같은 질문에 대해 학부모는 흥미와 적성(50.1%)을 첫손가락으로 꼽았고, 그다음으로 직업의 안정성(32.1%), 낮은 스트레스(4.4%), 높은 수입(3.8%)을 선택했다. '높은 수입'을 선택한 비율만 놓고 보면 학생들이 학부모에 비해 거의 3배 가까이 높았다.

이렇듯 모두가 돈이 최고라고 생각한다면 세상은 어떻게 될까? 지금도 주유소는 더 많은 돈을 벌기 위해 가짜 휘발유를 팔고, 식품회사는 원가 절감을 위해 넣어서는 안 될 것을 식품에 넣고, 축산업자는 가축에 항생제를 과다 투여 하고(한국은 미국의 6배, 스웨덴의 30배로 최고 수준임), 건설업자는 불량 자재를 사용하고, 때로는 몇 푼 돈 때문에 사람을 죽이기도 한다. 이렇듯 돈이 최고라는 생각은 우리 모두를 가해자이자 동시에 피해자로 만든다. 위의 조사 결과는 우리 아이들이 너무 빨리 '돈 맛'을 알게 되었다는 것을 보여준다. 또 빠른 속도로 삐뚤어진 배금주의에 물들고 있음도 보여준다. 이 모두가 어른들의 탓일 것이다.

한 초등학교 저학년 학생이 일기장에 "돈을 모아 쓸 곳이 있어 엄마 생일 선물을 못해줘서 미안해요"라고 썼다. 담임선생님이 아이에게 돈을 모으는 이유를 물었다. 아이는 돈을 모아 학교 근처 사거리에 있는 한 건물을 사려고 한다고 대답했다. "왜 그 건물을 사려고 하느냐?"고 선생님이 물으니 아이의 답이 걸작이었다. "위치가 좋아 세(임대료)를 많이 받아 일 안 하고 편히 살 수 있을 것 같아서"라고 대답했다.

📖 자녀 장래에 가장 많은 영향을 미치는 사람은 바로 부모!

초등학생들을 대상으로 하는 진로 상담에서도 동일한 결과가 나타났다. 이를테면 의사도 피부과나 성형외과만을 희망한다. 그 이유는 돈을 쉽게 많이 벌 것 같아서란다. 선생님의 연봉이 얼마냐고 묻는가 하면, '제일 돈 많이 버는 직업' 만을 가르쳐달라고 하는 아이들도 있다. 다양한 직업에 관해서는 아예 관심조차 없다.

정신분석학자 에릭 에릭슨(Erik Erikson)에 따르면 청소년기가 전 생애에서 가장 중요한 시기이며, 이 단계에서의 정체감 확립이 생애 전체의 발달을 결정짓는다고 한다. 이처럼 청소년기는 우리 아이들에게 무엇이 진정으로 중요한 것인지를 가르쳐야 할 결정적 시기인 것이다.

자녀들의 장래 희망에 가장 영향력이 큰 사람은 부모이다. 조사에서도 학생들의 46.6퍼센트가 부모님이 가장 큰 영향력을 행사한다고 응답했다. 다행히도 조사 결과에서 부모들이 자녀의 흥미와 적성을 수입보다 더 우선시하는 것으로 나타났는데, 이는 고

무적인 현상이다. 그러나 한편으로는 부모들이 배금주의에 깊게 젖어 있으면서 자녀들에게는 이를 경계하라는 말처럼 들려 씁쓸한 느낌이 들기도 한다. 마치 나는 '바담풍' 해도 너는 '바람풍' 해라 식이 아닌가 싶다.

　가끔 뉴스에서 복권에 당첨된 사람들이 얼마 못 가 인생이 풍비박산 난 경우를 본다. 돈으로 행복을 살 수만 있다면 왜 이런 일이 일어날까? 복권 당첨자가 행복해질지 불행해질지 여부는 복권(돈)을 대하는 태도에 달려 있다. 인생에서 돈이 최고의 목표인 사람이 당첨되면 불행해질 확률이 높다. 물질적 이익 때문에 인간으로서의 품위와 존엄성을 잃어버리기 때문이다. 그러나 복권(돈)이 인생을 윤택하게 하는 하나의 도구라고 생각하는 사람은 그렇지 않다. 그저 행복의 요소가 하나 더 추가된 것일 뿐이다. 돈은 그저 인생의 여유를 가져다주는 조그만 선물일 뿐이다.

4

명문대 입학 그 이상, 꿈 너머 꿈

📖 하버드대를 중도에 그만두는 이유

하버드 대학에서 낙제하는 동양인 학생 10명 중 9명이 한국계라고 한다. 또 예일 등 미국 명문대에서도 한국인 학생의 40퍼센트 정도가 중도에 학업을 포기한다는 자료도 있다. 이를 알기 위해 하버드교육위원회는 오랜 기간 조사를 했다. 조사 결과 "이 학생들에게는 장기적인 인생 목표가 없었다"는 결론이 나왔다. 이들은 하버드 대학에 입학하는 것만을 최종 목표로 삼고 살아왔기에 목표를 이룬 순간 삶의 의미를 잃어버린 것이다.

대부분 사람은 인생의 작은 목표를 하나의 점으로만 생각한다. 그저 점을 찍을 뿐, 이를 연결해서 생각할 줄 모른다. 인생은 작은 목표의 점들로 연결된 하나의 큰 그림이다. 그러나 점만 찍는 사람은 코앞의 목표를 달성하지 못할 경우, 인생이 실패했다고 생각한다. 그러기에 1등을 못했다고, 수능 실패했다고 극단적인 선택을 하는 일이 종종 있다.

만약 이들이 인생의 큰 그림을 그릴 줄 알았다면 단기 목표를 이루지 못했더라도 평정심을 유지하면서 시련을 이겨낼 수 있었을 것이다. 그러나 부모들조차 어린 자녀의 큰 그림을 그려보라 하면 명문대 입학이 전부인 경우가 많다. 명문대 입학은 그저 시작일 뿐이다. 사실 초등학교부터 대학교까지는 인생의 전개도를 그리는 과정이다. 학교에서 시키는 대로 하면 별문제가 없다. 그러나 사회에 나오는 순간 상황은 달라진다. 정규직에서 언제 밀려날지 모르고, 신기술로 어느 날 업종 자체가 공중 분해될 수도 있다.

인생의 큰 그림을 그리는 방법

시기마다 내 현재의 모습을 인생의 큰 그림에 비춰 보아야 한다. 예를 들면 학생이라면 '어떤 사람이 되고 싶은가?', 30대는 '어떤 사람이 될 수 있는가?', 40대는 '지금의 내가 자신이 원하던 모습인가?', 50~60대는 '어떻게 해야 후회 없는 인생을 살까?' 70~80대는 '이제 무엇을 할 수 있을까?' 등을 깊이 있게 생각해야 할 것이다.

이렇듯 인생의 큰 그림을 그리기 위해서는 첫째, 자기 인생 전체를 조망하는 넓은 시야를 가져야 한다. 그래야만 자신을 깊게 들여다보고 많은 사람과 협력할 수 있다. 삶을 더 멀리, 더 길게. 더 넓게 모는 힘이 생기면 인생의 고비마다 마주치는 불규칙한 전환점들을 이을 줄 아는 혜안이 생긴다.

둘째, 방향성 없는 에너지 발산은 낭비라는 점을 인식해야 한다. 끊임없이 원하는 방향으로 가는지 자신에게 되물어야 한다. 시간과 에너지는 한정되어 있다. 그냥 따두면 좋을 것 같아 학위나 자격증을 취득하는 것처럼 방향성 없는 스펙 쌓기는 에너지 낭비일 뿐이다. 방향성 없이 그때그때 밀려오는 파도에 몸을 맡기다 보면 원치 않은 곳으로 떠내려갈 뿐이다. 열심히 살았음에도 그 결과에 원망과 탄식이 나올 수밖에 없다.

모두들 '빨리빨리'를 외친다. 빠르면 이긴다고 여긴다. 그러나 빠르다고 이기는 것이 아니라 상황에 맞는 요소를 놓치지 않고 제때 속도를 낼 때만이 이길 수 있다. 속도와 방향을 동시에 생각해야 한다.

우리 자녀들에게 각자의 큰 그림을 현실로 만드는 힘을 키우게 하자. 이를 위해서는 자기 스스로를 깊이 들여다보는 힘(통찰), 내가 그릴 수 있는 가장 큰 꿈을 꾸는 힘(목표), 현실과 꿈의 간극을 조절하는 힘(노력), 생각의 크기를 확장하는 힘(창의성), 더 많은 사람들과 협업하는 힘(소통)을 가질 수 있도록 도와주자.

📚 대학 입학이 성공의 바로미터가 아니다

미래학자 앨빈 토플러는 10여 년 전에 2015년쯤이 되면 현재와 같은 대학은 역사의 유물로 사라질 것이라고 말한 바 있다. 이 말은 몇 가지로 해석할 수 있다. 첫째는 변화하는 사회적(직업적) 요구를 대학이 충족시켜주기에는 역부족이다. 쉽게 말하자면 사회가 원하는 교육 수요를 낡은 교육제도(대학)가 채워주지 못한다는 말이다. 융·복합적 지식이 절실히 요구되는 현실을 감안하면 전공별로 세분화된 현재의 대학은 그 한계가 여실히 보인다. 둘째, 사이버 교육과 원격 교육의 확대로 대학의 존재가 크게 위협받고 있다는 의미이다. 대학 아니고도 필요한 전문지식을 습득할 기관이나 방법은 얼마든지 있다.

우리의 현실을 돌아보자. 오늘도 학부모와 학생들은 대학 입학을 인생 최대의 목표인 양 생각하고 사생결단으로 임한다. 아이는 새벽부터 늦은 밤까지 학교와 학원에서 책과 씨름하고 대학에 들어간 후에도 여러 가지 스펙 쌓기에 몰입한다. 학부모는 고등학교 때까지는 엄청난 사교육비에, 대학 입학 후에는 세계 최고 수준의 등록금으로 허리가 휘청거린다.

이들 앞에 기다리고 있는 것은 무엇인가? 그 많은 노력과 돈, 시간으로 만든 졸업장이 한낱 휴지조각에 불과한 경우가 다반사다. 이러한 점에서 몇 해 전 고려대 김예슬 학생의 대학 거부 선언은 우리에게 신선한 충격을 주었다. 그러나 세상은 조금도 변하지 않았다.

이렇게 모든 것을 저당 잡히고 선택한 목표가 기껏 안정적인 기업의 신입사원이 되는 것이다. 요긴대 우리는 삶의 큰 궤적은 생각하지 않고 바로 코앞의 한 단계만 통과하는 데 모든 에너지를 쏟고 있다.

📖 인생의 진검승부, 무림의 고수 되기

입사 시험을 위한 맹목적 스펙 쌓기가 인생의 목표가 되어서는 안 된다. 한 줄 스펙이 아닌 실무 지식과 핵심 역량을 쌓기 위한 진짜 공부를 해야 한다. 인생 승부는 100미터 달리기가 아니라 마라톤이기 때문이다. 그 핵심은 본질적인 경쟁력이다.

이를 위해서는 어릴 때부터 멀리 보고 준비해야 한다. 과거에는 대학이 인재 양성소였다면 지금은 100만 백수 양성소가 되어 버렸다. 대졸은 물론 석·박사 실업자가 넘쳐나지만 갈 곳이 없다. 대학 입학을 위한 레이스에 모든 것을 걸 것이 아니라 인생의 성공을 위한 본질적인 준비를 해야 한다. '맹목적 명문 대학 입학'이 아이의 인생 목표가 될 수는 없다.

학교교육이 전부라고 생각하지 말자. 오히려 학교 밖에서 배우는 지식이 살아 있는 지식이다. 매뉴얼대로 훈련하는 해군보다 거친 삶을 사는 해적의 전투 능력이 더 뛰어날 수밖에 없다. 전쟁터와 같은 삶의 현장에서 살아남기 위해 촉수를 최대한 곤두세우면서 터득했기 때문이다. 어떤 분야든 책을 3,000권 정도 보면 전문가가 될 수 있다고 한다. 1만 권을 독파하면 세계적 영향력을 과시할 수준이 된다고 한다.

이제 대학만을 믿을 것이 아니라 자기 스스로 새로운 길을 개척해야 한다. 끊임없이 새로운 지식을 습득하는 지식 유목민이 되어 자기 분야의 역량을 쌓아야 한다. 그리고 자신의 분야에서 최고가 되겠다는 마음가짐이 필요하다. 그런 마음가짐이 있다면 실력은 쌓이고, 실력이 있으면 세계적인 성공을 거둘 수 있다. 자신의 분야에서 최고 수준의 실력만 있다면 모든 길을 열어나갈 수 있다.

성공하는 길은 하나가 아니다. 히말라야에 오르는 길이 여러 갈래이듯 성공의 기회도 여러 방향으로 열려 있다. 그럼에도 높은 학점과 토익 점수, 자격증 따기와 스펙 쌓기에만 열중한다면 다고만고만해질 뿐이다. 생각을 유연하게 하면 모든 것이 기회로 연결된다. 인생에 정해진 답은 없다.

🀫 졸졸 따라가다 망한다

잘 모를 때는 '많은 이들이 하는 방법을 따르는 것이 낫다' 라는 생존법이 동조현상이다. 이 동조현상의 뿌리는 인류가 살아남기 위한 생존 방법에서 비롯되었다. 남을 따라 하는 동조현상이 효과적일 때도 있다. 정보가 부족할 경우에는 남들을 따라 하는 것이 가장 안전한 길일 수 있다. 그리고 남들도 다 그렇게 하니 불안하지 않고 마음이 편하다는 장점도 있다.

대학 원서를 쓸 때도 많은 사람들이 같은 실수를 저지른다. 선생님과 학부모가 모두 대학 간판을 전공보다 우선시하는 동조 심리에 휩쓸린다. 적성에 맞는 전공을 찾아 대학을 정하는 게 아니라 대학부터 정한 다음 학과를 고르는 식이다. 나의 몸에 맞는 옷을 찾아야지, 마음에 드는 옷을 고른 다음 몸을 거기에 맞추는 식이다.

모두가 대학 간판만 좇더라도 나만은 자녀의 적성에 맞는 전공을 찾도록 도와주자. 올바른 부모라면 무작정 남 따라 동조현상에 휩쓸릴 것이 아니라 소신을 가지고 자녀를 이끌 수 있어야 한다.

자유학기를 활용해
꿈과 끼를 찾자

중학생 시절은 직업에 대한 사회적 안목이 생기기 시작하며, 자신의 진로에 대한 설계를 준비하는 소중한 시기다. 특히 어떤 대학 어떤 전공을 선택하는지가 인생의 향방을 가늠하는 시발점이 될 수 있는 우리나라 같은 경우엔 더욱 중학 시절이 중요하다. 과거에는 초등학생 때부터 고2 때까지 교과 성적을 끌어올리는 것을 목표로 학업에 몰두하고 고3이 되어서야 자신의 성적에 맞춰 대학과 전공을 정하곤 했지만, 이제 그런 시절은 지났다.

입학사정관제를 활용해 대학들은 수학 능력을 갖춘 인재로서 인성을 겸비하고 자신의 진로에 대해 확고한 신념을 가진 학생들을 뽑고자 한다. 이런 경향은 더욱 확대될 것이다. 서울대학교는 이미 입학사정관제로 수시 전형 합격자를 100퍼센트 뽑고 있다.

2014년 수능 자연계 만점 학생이 서울대 의대에 불합격한 사실은 이러한 경향을 잘 보여주는 실례다.

인터뷰 결과 대학 입학사정관들은 중·하교 시기를 특히 중요하게 보았다. 중학교 때 자신의 미래에 대한 밑그림을 그린 후에 고등학교에 올라가서는 구체적인 활동을 병행해야 한다고 강조했다. 봉사활동, 특별활동, 동아리 활동 등도 자신의 꿈과 관련 있는 것을 해야 하는데, 꿈과 아무런 상관이 없는 활동을 하는 학생들을 자주 본다며 안타까워했다. 그러면서 중학생 때 자신의 꿈이 무엇인지 찾아보고 큰 그림을 그린 후 고등학교에 올라가서는 그 꿈을 이루기 위해 노력하는 것이 우리나라 교육 현실에서 가장 이상적인 순서라고 강조했다.

📖 자유학기제란?

자유학기제는 중학교 교육과정 중 한 학기 동안 학생들이 중간·기말고사 등 시험 부담에서 벗어나 꿈과 끼를 찾을 수 있도록 수업 운영을 토론, 실습 등 학생 참여형으로 개선하고 진로 탐색 활동 등 다양한 체험 활동이 가능하도록 교육과정을 유연하게 운영하는 제도다. 자유학기제는 2015년 하반기에 학교별 준비를 거쳐 2016년 3월 전국 모든 중학교에서 전면 실시된다.

자유학기제를 잘 활용하면 진로에 대한 이해를 키우고, 자신이 무엇을 하고 싶은지, 잘할 수 있는지를 파악할 수 있으며, 더욱 열심히 학습할 수 있는 동기를 부여할 수 있다.

📖 자유학기를 자신을 탐색하는 시간으로 활용하자

자유학기에는 학생들의 희망에 따른 동아리 활동, 예술·체육 활동 및 선택 프로그램 참여 등 다양한 체험을 하고, 여러 직업의 사람들을 만나고 직접 방문도 한다. 예를 들면 다음과 같다.

동아리 활동 : 문예 토론, 라인댄스, 웹툰 제작, 과학 실험, UCC 제작 등

예술·체육 활동 : 난타, 국악, 연극, 영화, 만화·애니메이션, 사진, 창의 공작기계, 스포츠 클럽 등

선택 프로그램 : 창조적 글쓰기, 한국 예술 발견, 드라마와 문화, 미디어와 통신 등

진로 체험 활동 : 진로 캠프 참여, 부모님 직장 탐방, 전일제 진로 체험, 명사 특강 청취 등

이러한 활동들을 각 학교의 상황에 맞게 융통성 있고 탄력적으로 운영한다. 물론 자유학기제를 실행한다고 해서 모든 학생이 자신의 꿈을 다 찾을 수는 없을 것이다. 하지만 좋은 시도임은 분명하다. 학교에서 다양한 체험하면서 특정 분야나 직업에 호기심을 가지게 되는 것만으로도 큰 수확이다.

꿈의 씨앗들을 품었다면 집에서 적극적으로 씨앗이 발아하도록 도와야 한다. 즉 아이가 관심 있어 하는 체험 활동을 지속하거나 다른 활동과 연계하여 확장할 수 있도록 도와줌으로써 자신이 무엇을 좋아하는지, 무엇을 잘할 수 있는지 알아보면서 끊임없이 자신을 탐색하는 시간을 가지도록 해야 한다.

📖 자유학기를 활용한 진로 교육이 필요하다

자유학기에도 국·영·수 등 기본 교과 수업은 충실하게 진행된다. 그렇지만 보통 학기와 달리, 학교 선생님들이 진도 걱정 없이 교과과정을 재구성해서 다양한 방법으로 수업을 한다. 시험 부담이 없으므로 일방적 강의식 수업이나 암기식 수업은 최소화한다. 토론, 문제 해결, 프로젝트 학습 등 자기주도적 활동 중심으로 수업을 진행하며 수업에 대한 학생들의 흥미와 몰입도를 높이고 스스로 학습하는 능력을 키울 수 있도록 도와준다.

수학 과목에서 점, 선, 면에 관한 수업을 진로 연계 융합수업으로 진행한 사례를 예로 들어보자. 점 스티커로 자신의 장래 희망을 표현하고 발표하는 활동을 한다. 점 스티커를 하나하나 붙이면서 아이들은 지루하고 따분할지도 모른다. 하지만 수많은 점이 모여 선을 만드는 것처럼 순간순간 최선을 다하면 그 순간들이 모여 꿈을 이룰 수 있다는 것을 스스로 깨우치게 한다.

진로 교육이 학교와 가정에서 따로따로 이루어지면 비효율적일 수밖에 없다. 그러므로 먼저 자녀와 학교에서 있었던 일에 대해 대화를 많이 나누자. 위 사례와 같은 수업을 했고 자녀가 장래 희망이 '디자이너'라고 발표했다면 관련 자료와 정보를 함께 찾아보자. 디자이너가 실제로 어떤 일을 하며 어떤 고충을 겪는지 알려주는 방송이나 책도 검색해보자. 그러면 자녀는 디자이너라는 직업이 한편으로는 화려하면서도 멋진 직업이지만 한편으로는 엄청 고된 일임을 깨닫게 될 것이다. 또 디자이너 말고도 패션 관련 직업들(패션 머천다이저, 코디네이터, 패션에디터, 패션 아트디렉터, 스타일리스트, 패션라이터, 디스플레이어 등)이 많다는 사실도 알게 될 것이다.

📖 핵심 성취 기준을 파악하자

자유학기에는 중간·기말고사 등 특정 기간에 모든 학생들을 대상으로 실시하는 지필시험은 치르지 않는다. 대신 학생들이 학습한 내용을 얼마만큼 이해하고 있는지 알아보고 학생 지도에 활용할 수 있도록 수업 진도에 따른 형성평가, 학생 스스로 자신을 평가하는 자기성찰 평가 등 자유학기제의 취지에 맞는 평가 방법을 학교별로 마련하여 시행하게 된다.

또 '핵심 성취 기준' 중심으로 수업 내용이 재구성된다. 핵심 성취 기준은 교사가 무엇을 가르치고 평가해야 하는지, 학생이 무엇을 공부하고 성취해야 하는지에 대한 실질적인 지침이다. 중학교의 국어 · 영어 · 수학 · 사회 · 역사 · 도덕 · 과학 등 7개 교과에 대한 핵심 성취 기준이 개발되었다.

핵심 성취 기준은 학생들이 배워야 할 것을 생략하고 지나치는 것이 아니라, 각 교과목에서 학습을 통해 성취해야 할 지식, 기능, 태도의 능력과 특성을 좀 더 명확히 구조화하려는 취지에서 개발한 것이다. 그러므로 가정에서도 교과별 핵심 성취 기준을 파악하여 아이에게 인지시키는 것이 좋다. 시험을 치지 않는다고 수업 시간에 놀아도 괜찮다는 착각을 하지 않도록 해야 한다.

📖 학교생활기록부에는 어떤 내용이 기록되나?

학교생활기록부(학생부)에는 학생들의 등수나 성적이 아니라, '학생의 꿈과 끼 살리기와 관련된 활동 상황'이 '세부 능력 및 특기 사항'란에 서술식으로 자세하게 기록된다. 학생부를 향후 진로 선택 및 학생 지도의 기준과 방향으로 삼자는 취지에서 기록하는 것이다. 이와 아울러, 학생부의 '진로 희망 사항'란에 학생이 희망하는 직업뿐 아니라 희망하는 이유, 비전 등도 기술하고, 이를 학교별로 연계하여 학생의 진로 탐색 활동을 체계적으로 기록 · 관리하게 된다.

생활기록부 기재와 관련하여 학부모들이 착각하기 쉬운 것이 있다. '미리 진로를 결정하여 체계적으로 연계해야 더 좋지 않을까'라고 생각할 수 있다. 예를 들어 교사가 꿈인 아이가 있다고 하

자. 중학생 때도, 고등학생 때도 일관되게 희망 진로가 교사라면 직업에 관한 강한 열정과 신념이 있다고 여길 수 있다. 입학사정관제에서도 유리함은 당연하다.

그러나 희망 진로가 메뚜기 뛰듯 엉뚱하게 여기저기로 옮겨 간다고 해서 걱정할 필요는 없다. 예를 들어 희망 진로가 '교사'에서 '로봇공학자', '국제기구 활동가'로 계속 바뀌면 지켜보는 입장에서는 어이없어 할 수도 있지만, 중학생 시절은 꿈을 단 한 번에 결정할 수 있는 때가 아니다. 끊임없이 수정 보완하며 진로를 찾아가는 시기다. 아이의 꿈이 변화하고 바뀌는 것은 당연하다. 부모는 변화하는 아이의 꿈에 대해 귀 기울여주고 그 이유를 공감하고 지지해주며 함께 진로를 탐색하는 자세가 필요하다.

공부가 아이의 미래를
결정해준다고?

부모의 역할은 무엇일까? 공부 잘하는 아이 만들기? 천만의 말씀이다. 제대로 키워서 사회와 가정생활을 잘하는 사람으로 만드는 것이다. 하지만 우리나라 부모들은 부모로서 진짜 해야 하는 역할보다 교육에 더 치중한다. 이보다 더 큰 문제는 성적과 등수, 특목고와 명문대 입학 등 교육의 특정 결과에만 집착한다는 점이다. 공부만 잘하면 모든 것이 다 용서되는 암울한 시대가 바로 요즘이다.

그런데 정말 엘리트 코스로 특목고와 명문대만 가면 무조건 성공이 보장될까? 사람은 평생 동안 평균적으로 직업을 10번 정도 바꾼다고 한다. 몇 번은 학벌과 실력으로 좋은 직장을 구할 수 있을 것이다. 하지만 그 이후로도 학벌과 실력만으로 버틸 수 있을까? 천만의 말씀이다. 첫 단추는 학벌과 실력이 큰 도움이 되지만, 일단 직장인이 되면 인간관계나 사회성이 더 중요하다. 직장 생활을 해본 사람이라면 누구든지 공감할 것이다.

자라나는 아이들에게 가장 큰 영향을 주는 존재는 부모이다. 부모의 생각과 행동은 좋은 것이든 나쁜 것이든 아이에게 그대로 전달된다. 마치 탯줄을 통해 영양을 공급받던 태아 때처럼 말이다.

학교도 작은 사회나 마찬가지다. 공부만 잘하면 된다는 생각에 길들여져 있는 아이들에게 사람들과 좋은 관계를 맺는다는 것 자체가 곤욕일 수 있다. 사회성은 성공으로 가는 가장 중요한 열쇠이다. 그런데 과연 "올바른 인간관계가 중요하다"는 교육을 받고 자라는 청소년이 얼마나 될지 의문이다.

부모가 진짜 해야 하는 일은 올바른 양육이다. 아이를 잘 보살펴 몸과 마음을 바르게 하고 세상 살아가는 힘을 길러줘야 한다. 아무리 잘났다고 해도 세상은 혼자서 살 수가 없기 때문이다. 당장 눈앞에 보이는 성적을 위해 아이를 공부에만 매몰시켜서는 안 된다. 교육은 사회적 성공과 성취를 얻기 위한 중요한 요소 중의 하나이다. 우리 아이의 미래를 결정하는 것은 공부만이 아니라는 사실을 부모가 먼저 깨달아야 한다.

아이를 있는 그대로 사랑하고, 있는 그대로 봐주는 것이 무엇보다 중요하다. 이는 건강한 삶을 살아가는 토대가 된다. 사춘기 때는 더욱 변화가 크다. 초등학교 때처럼 시키는 대로 하지도 않는다. 아무것도 아닌 일로 짜증 내고 화내기 일쑤다.

부모가 만든 틀에 아이를 절대 가두지 말자. 그 틀에 가두는 순간 아이는 건강하게 자랄 기회를 잃어버리고, 그때부터 분재처럼 자랄 수밖에 없다. 내 뜻대로 아이를 만들었다고 뿌듯해하는 바로 그 순간이 가장 위험한 때이다.

사춘기가 되면 초등학교 때 먹혀들었던 협박이나 체벌 따위가 먹히지 않는다. 아니 초등학교 때 쌓인 감정까지도 폭발해서 엇나가기도 한다. 우리 아이들이 건강한 사랑을 받고 자라야 한다. 그런 바탕 위에서만이 건강한 사회생활을 할 수 있다.